U0947939

人性解码

解码事业、家庭、人生

刘子鸣

中国财富出版社

图书在版编目（CIP）数据

人性解码：解码事业、家庭、人生 / 刘子鸣著．—北京：中国财富出版社，2016.4

（华夏智库·金牌培训师书系）

ISBN 978－7－5047－6085－2

Ⅰ.①人…　Ⅱ.①刘…　Ⅲ.①心理交往—通俗读物　Ⅳ.①C912.1－49

中国版本图书馆 CIP 数据核字（2016）第 061254 号

策划编辑　姜莉君　　**责任编辑**　单元花

责任印制　方朋远　　**责任校对**　饶莉莉　　**责任发行**　邢有涛

出版发行　中国财富出版社

社　　址　北京市丰台区南四环西路 188 号 5 区 20 楼　　**邮政编码**　100070

电　　话　010－52227568（发行部）　　010－52227588 转 307（总编室）

010－68589540（读者服务部）　　010－52227588 转 305（质检部）

网　　址　http：//www.cfpress.com.cn

经　　销　新华书店

印　　刷　北京京都六环印刷厂

书　　号　ISBN 978－7－5047－6085－2/C·0202

开　　本　710mm×1000mm　1/16　　**版　　次**　2016 年 4 月第 1 版

印　　张　12.75　　**印　　次**　2016 年 4 月第 1 次印刷

字　　数　171 千字　　**定　　价**　38.00 元

前　言

认识人、读懂人，你将无所不能

很多时候，我们都会觉得，人性太复杂，了解一个人太难！因此，经常会发出这样的抱怨：为什么孩子总是不听话？为什么妻子老是抱怨？为什么老爸总不满意？为什么朋友会在背后给自己“捅刀子”？为什么员工总是不能按时完成工作？为什么客户老是挑三拣四？为什么老板总是鸡蛋里面挑骨头……

其实，所有的问题都是人的问题！之所以会出现这样的困惑，主要是因为没搞明白究竟什么是“人”，不知道对方想要什么，不知道怎么与别人相处……“人”是一切问题的根源！只要把“人”搞明白了，所有的问题也就迎刃而解了。

一座庙里，生活着7个小和尚。每天早上吃早饭的时候，他们要分一桶粥。可是，由于无法将粥分均匀，每天都会有人不够吃；而由自己负责分粥的那一天，却可以吃饱。大家都在抱怨，指责别人存有私心。最后，他们找到了师父，想让师父来决定，到底该由谁来分粥？

老和尚默默地说："你们任何一个人都可以分粥，但分粥的人要拿最后一碗。"从此以后，不管轮到谁分粥，7份粥保证都一样多，大家再也没有抱怨过。

其实，老和尚想出的方法非常简单。为什么他能想出这个方法，而其他弟子却不行？因为他了解人性！

第二次世界大战期间，巴顿将军在一份报告中发现，在牺牲的盟军战士中，约有50%的人是在跳伞时由于降落伞失灵摔死的。巴顿命令下属严格调查这件事，下属说："这个问题，我们已经向厂家反映过很多次了，但厂家总能找出各种理由。"

巴顿听后，非常生气，立即找来了那位厂长，让他背着降落伞从高空跳下。厂长很为难，巴顿又说："要不，定期抽降落伞我来跳。"

从那以后，战士们再也没有因为降落伞失灵而降亡。

巴顿将军的方法很简单，但效果极好，因为他了解人性！

乔布斯打造的苹果产品之所以能够享誉世界并且让众多的粉丝喜爱，从表面上看似乎是因其产品的技术水平和精致外观。其实，如果能够做深入的分析，就会发现，也是由于乔布斯和他的团队了解消费者的人性；然后，再通过产品来予以满足，甚至予以超预期满足，自然会受到粉丝的热捧。

声名鹊起的小米手机，也是在搞人性营销！小米恰到好处地满足了"草根"阶层的心理需求，既物美价廉又很有面子。他们把"草根"的标签换成了"发烧友"，让消费者觉得非常有面子，甚至引以为豪。虽然大多数人并不是真的"发烧友"，但却喜欢这顶帽子。简而言之，小米之所以卖得火，就是因为把准了人心的需求。

有一位互联网巨头说："我们的企业想赚钱，首先要让我们的用户赚到钱。如果他们赚不到钱，我们还怎么赚到钱？如果他们赚到钱了，我们自然不愁赚不到钱。"这就告诉我们，要想通过别人获得利益，首先就要满足别人的求利之心。

之所以会说人心太复杂、看不透，其实是因为你不了解人！如果能把人性解码，自然会过好人生、经营好事业、搞定各种各样的人际关系。认识人、读懂人，你将无所不能！

人心的欲望无穷无尽，有积极向上的一面，也有消极向下的一面。在这个人心浮躁、物欲横流的时代，人心是向上的东西多，还是向下的东西多？相信，大家都会做出正确的判断。我只希望各位时刻抱持着济事淑世的心态，这既是众生之福，更是自己之福！

刘子鸣
2015 年 12 月

目　录

第一章

解码人性

在漫长的人生道路中，我们不仅要了解自己，还要了解他人。否则，我们的人生、事业很可能会被人为地制造出很多麻烦与困惑。

天底下最复杂的东西，莫过于人性。或许正是因为这样的原因，千百年来，无数的哲学家、思想家、宗教家、心理学家和艺术家都在想方设法地破解人性的秘密。

人性可简单概括为——按照人们的本质认同他们，不要把自己的意志强加在别人身上。人首先是对自己感兴趣，而不是对他人感兴趣！换句话说，一个人关注自己胜过关注他人一万倍。你也一样！你对你自己的兴趣，远胜过对世界上任何其他人。

请记住，人类的行为是受自己的思想和感情支配的——这种特征在人类中表现得如此强烈，以至于人们做慈善是为了获得捐献行为所带来的满足感和乐趣，而不是所捐献物品对其他人的意义。

“人们首先关心自己”这一常识，是你与其他人交往的基础。它能给予你与他人交往的力量和技巧，也是生活的关键所在！

人性的本质

一者自私，一者自利，这就是人性的本质。不管你是否愿意接受，作为俗世中的一分子，这都是事实！

司马迁在《史记》中写过两句话：“天下熙熙皆为利来，天下攘攘皆为利往。”也就是说，为了生存与生活，每个人都要追求利益。这也是社会的必然现象，并不值得大惊小怪。但是，求利很容易产生一些衍生现象，如贪婪、势利眼等。而且，从古到今都是如此！

很多在官场或商场经历过起落浮沉的人，都会感叹人情冷漠、世态炎凉。一个人，得势时受众人拥戴，失势时遭人冷眼是非常正常的，这是社会的“常态”。

今天，只要一提起马云，可以说是无人不知。可是，从他1995年辞去大学教师的工作，到创办“中国黄页”，再到后来被迫离开黄页创办阿里巴巴，一路走来，遭遇的挫折、困难可以说是难以计数的。

2002年，互联网遭遇了“最寒冷的冬天”，马云要求阿里巴巴的员工“跪着过冬”，坚持下去，等待“春天”的到来。很多人都认为马云挺不过来，等着看他笑话的人也大有人在。可是，他挺过来了！阿里巴巴不仅奇迹般地熬过冬天，还实现了赢利。

苹果电脑公司创始人乔布斯20岁时开始创业，经过不懈的努力，让“苹果电脑”在10年间从一家只有两个小伙子的车库公司发展成了一家市值20亿美元的国际大公司。30岁时，又被自己所创办的公司炒了鱿鱼。

乔布斯说："就这样，曾经是我整个成年生活重心的东西一夜之间就不见了，令我一时愕然，走投无路。随后几个月，我实在不知道要干什么好。我成了公众面前一个非常负面的示范，我甚至想要离开硅谷。"但后来，乔布斯成功了，成了苹果教父。

其实，早在战国时期，著名纵横家苏秦就已经深深地体会到了这一点。

苏秦是东周洛阳人，青年时期，曾到齐国拜师学艺。《史记》称，他和张仪都是鬼谷先生的学生。苏秦从鬼谷先生那里学到了游说技巧和外交谋略，当他自以为学有所成后，便满怀信心地来到西方的秦国游说秦惠王。可是，初次出道的苏秦使尽浑身解数都无法说服秦惠王接受他的意见。最后，皮衣穿破了，钱用光了，连鞋子也买不起，只好穿着草鞋，自己挑着书和行李，打道回府。

回到家后，家人见他落魄，都不正眼看他。妻子不给他缝衣服，嫂子不给他做饭，连父母也不和他说话，苏秦看到这种情景，深受刺激，于是便把家里所有的书都翻出来，挑灯夜读。足足苦读了一年多，终于搞明白了揣摩君主心思的方法。

苏秦再次出山，先到了燕国，说服燕文侯与赵国联合起来。燕文侯为苏秦提供了车马和财礼，让他到赵国去游说。赵王听了苏秦提出的联合各诸侯国对付秦国的意见后，非常高兴，立刻便封苏秦为武安君，把赵国的相印交给了他，调拨了一百辆装饰华美的车子，带上黄金、白璧、锦绣，让苏秦出面组织"联合国"。之后，苏秦说服了韩宣王、魏襄王、齐宣王、楚威王。

有一次，苏秦游说楚王，经过洛阳，父母听说他来了，赶紧粉刷房子，把路面打扫干净，并准备了音乐、筵席，而且到三十里以外去迎接他；妻子都不敢正眼望他，苏秦讲话时，她侧耳倾听，生怕听错了；嫂子则爬到苏秦跟前，不停地跪拜道歉。

苏秦看到嫂子这个样子，笑着说："你怎么以前对我那么傲慢，现在又这么恭敬了呢？"嫂子说："那是因为您现在当大官了，又有那么多钱。"苏秦不禁感叹道："唉！一个人在贫穷时，连父母也不把他当儿子看待；等到他富贵了，就是亲戚也都害怕他。人生在世，对于权势富贵，怎么能够忽视呢？"

在苏秦事业失败时，"妻不下纴，嫂不为炊，父母不与言"；在他功成名就后，"父母郊迎三十里；妻侧目而视，倾耳而听；嫂四拜自跪而谢"。所以他认为，人活在世上，"势位富贵"是不能忽略的。人情就是这么冷漠！如果看不透，自然无法弄明白世道人心，也难以在事业中游刃有余。

美国的一位心理学家在露天游泳池中做了一个有趣的试验：

他安排不同的人溺水，然后观察有多少人会去营救他们。经过长达一年的试验，最后发现，当白发苍苍的老人"溺水"时，共有20人进行了营救；当孩子"溺水"时，共有32人进行了营救；而当妙龄女子"溺水"时，营救人员的数字上升到50人。

这位心理学家说，这个试验可以证明人性中的自私倾向。虽然同样是救人，但他们在跳下水的那一刻，谁知道他们心里在想些什么。

人是"自私动物"，这并不是一件可耻的事。重要的是，如何认识和利用“自私”，而不是逆“性”而为。

一座城市的郊区有一座水库，每年夏天都会吸引大批的游泳爱好者。可是，这个水库是城市自来水工厂的重要取水源，为了保持水源的清洁卫生，自来水厂在库区竖了许多“禁止游泳”的牌子。结果，人们照游不误。

后来，自来水厂改换了禁止类的标语，公告牌上写着：“你家用的水来自这里，为了你和家人的健康，请保持清洁卫生！”结果，游泳者不见了。

没错，了解人性是为了驾驭人性！可是，出于什么动机驾驭，往什么方向驾驭，这就是一门学问了！

人心的本质

人心的本质是什么？懒惰和贪婪！

1. 懒惰

勤劳仅仅是一种表象，懒惰才是本源！只要能偷懒，人总是愿意少付出劳动，多休闲和睡觉。古人虽说日出而作、日落而息，但大白天偷懒的也有很多；现代人上班，只是不得已而为之，偷懒、耍滑的更不在少数。

动脑筋，是一件很苦很累的事情。人骨子里的懒惰天性总是在发挥作用，结果，人们都不愿意动脑子，不愿意做深入的思考了。

一片荒芜之地，一个人走过去了，只会留下足迹；一群人走过去了，就成了路。一旦形成了路，很多人就会习惯性地沿着它去走，而不会再辛苦地开辟另一条路。对很多人来说，既然这条路走得通，最好能天天走这条路，又省心又省力，何乐而不为呢？

路径依赖心理是一种普遍存在，归根结底，就是人们的懒惰心理在作怪。这种懒惰行为，体现在以下几个方面。

（1）喜欢走捷径

人生和事业本来就是很苦的事情，需要独立思考，需要做很多功课。由于个人的水平和能力，很多人无法在这条路上走得太远。其实，世上本没有捷径，只是很多人投机取巧罢了。

当想办什么事时，一些人最初想到的就是找“门路”，至于法律、规定等，都是可以“通融”的。规矩再多，也总能找到漏洞。过马路，只要凑成一团就能闯红灯，谅机动车也不敢撞我；带孩子出门内急，让孩子在路边随地大小便，只要自己方便就行；考试过不了关，找“枪手”替考，只要过关就行；看病的人多，找熟人加塞，只要自己看了就行；想要得到提拔重用，就给管事的领导送钱、送东西，凡此种种，不一而足！

（2）喜欢走旧路

所谓旧路，并不见得是多么好的一条路，也许只是偶然让一些人赚了点钱，他们就会以为这是一条捷径。在世上，任何一个人都不可能把自己赚钱的绝技公开，凡是公开的，就是无效的——即使个别人用起来是有效的，一旦大众知道了，也就无效了。

为什么人们喜欢因循旧路呢？一是因为熟悉。熟悉就简单，不用动脑筋，不用睁大眼睛看是否出现了不了解的路况。二是风险少。为了避免冒险带来的打击，还是走老路的好。三是害怕创新。走新路就可能冒险，而冒险就是一种成本和代价。

(3) 缺乏人生规划

没规划的人生叫拼图，有规划的人生才叫蓝图；没目标的人生叫流浪，有目标的人生才叫航行！每个人的出身、教育、成长环境、经历、思维、运气、自我能力、认知等都是不同的，这些都会对人们造成影响。但这不是根本原因，根本原因是那些真正的成功者在早年有过人生规划，为日后的成功绘制了蓝图。

懒惰的人最大的恶习就是拖沓。对一个渴望取得成功的人来说，拖延是很危险的，它将让你裹足不前。古罗马有位皇帝在临终时给罗马人留下这样一句遗言："懒惰是一种借口，勤奋工作吧！"

很多人也想立刻成为成功的人，可是却没有为成功付出相应的代价：他们渴望抵达辉煌的顶峰，但却不愿跨过艰难的山路；他们想获得胜利，却不愿参加战斗；他们希望一切顺利，却不愿遇到阻力……世上哪有这样的好事？

贪图安逸，会让你变得堕落；整天游手好闲，只会让你退化。不论做什么，只有勤奋工作才是高尚的。当你明白这一点时，就要立刻改掉身上的所有恶习，努力找一份适合你的工作，你的境况也会因此而改变！

2. 贪婪

金钱是令人迷茫的东西，当你没钱的时候，追逐金钱，一旦得到，就会得到些许快乐。可是，烦恼也会随之而至。拥有一百万元的时候，很多穷人都会羡慕你，可是你却会对着自己顾影自怜——一百万元，在大都市里可能还买不到一套像样的房子！

拥有一千万元的时候，看到资本过亿元的富翁，你又会暗暗不平——我只能买个宝马坐坐，可是人家，都玩上飞机啦！拥有过亿元资本的人，看着比尔·盖茨的豪华游艇，可能也会自惭形秽。明代朱载堉的一首叫作《十不足》的著名散曲，道尽了人心的贪婪：

终日奔忙只为饥，才得有食又思衣。
置下绫罗身上穿，抬头又嫌房屋低。
盖下高楼并大厦，床前缺少美貌妻。
娇妻美妾都娶下，又虑门前无马骑。
将钱买下高头马，马前马后少跟随。
家人招下数十个，有钱没势被人欺。
一铨铨到知县位，又说官小势位卑。
一攀攀到阁老位，每日思量要登基。
一日南面坐天下，又想神仙来下棋。
洞宾与他把棋下，又问哪是上天梯。
上天梯子未做下，阎王发牌鬼来催。
若非此人大限到，上到天庭还嫌低。

的确，人是贪婪和懒惰的！可是，因为有了贪婪和懒惰社会才会有进步。试想，如果大家都认为徒步好，可能就不会有汽车、火车等交通工具了。就是因为人懒惰不愿意走路，才发明了工具；正因为对科技的"贪婪"，人类才发明了计算机等高科技产品。

也就是说，"贪婪"二字得用在正道上。挥洒血汗、刻苦钻研、胸怀大志、奋斗不止，这种"贪婪"，就可以结出甜美的果实。这样的贪婪，永远受人尊敬！可是，懒惰会让人的心灵变得灰暗，懒惰的人只会看到事物的表面现象。其实，每个成功者的成就都是靠自己的不懈努力得来的，不都是机缘巧合！

人的欲望的分类

1. 七情六欲

众所周知，每个人都有“七情六欲”。那么，“七情六欲”具体都是指什么呢?

所谓“七情”就是指人的七种感情、七种情绪。“七情”的说法，各家差别不太大。

佛家所说的“七情”是：喜、怒、忧、惧、爱、憎、欲。

儒家所说的“七情”是：喜、怒、哀、惧、爱、恶、欲。

佛教是从古印度传来的，它的名词术语都是翻译过来的，而翻译的译文不可能完全相同，“七情”中的“忧”的另一种译法就是“哀”，“憎”的另一种译法就是“恶”，所以两家说法其实没有太大区别。至于《黄帝内经》中的说法，就有一点区别了。“七情”是指喜、怒、忧、思、悲、恐、惊，没有把“欲”列入“七情”之中。

所谓“六欲”就是指人的六种欲望、六种需求。人要生存，怕死亡，要活得有滋有味、有声有色，于是嘴要吃、舌要尝、眼要看、耳要听、鼻要闻，这些欲望与生俱来，不用人教就会。

人究竟有多少种欲望？战国时期的《吕氏春秋》在《贵生》这一篇中首先提出“六欲”的概念。人的“全生状态”，就是“六欲”都得到合理的满足，但没有说出哪六种欲望。而佛家所说的“六欲”则是色欲、形貌欲、威仪姿态欲、言语音声欲、细滑欲、人想欲。

在现代汉语里，“情”与“欲”并不是一回事。“情”主要是指人的情感表现，属于人的心理活动范畴；而“欲”主要是指人的生存和享受的需要，属于生理活动的范畴。情太切伤心，欲太烈伤身，“情”与“欲”一个是“心”一个是“身”。当然，情与欲是不能分开的，是可以互相转化。“七情”“六欲”是人类基本的心理情绪和生理要求，也是人间生活的最基本色调。

2. 人类的欲望的种类

人类的欲望，按性质可以分为四种。

(1) 本能欲望

这是人类生存的需要。正常、合理地满足这些欲望，能让人更好地生存下去，所以这些欲望对个体来说就是必要的。如食欲、性欲、亲情、友爱、自私、报复、舒适、合理的放松休息与享受、创造等。

(2) 人工欲望

这是人类后天创造出的，多数是为了享受，而且在未来很有可能还会增加。如抽烟、喝酒、爱情等。

(3) 高级欲望

高层次的享受，大部分是精神享受。如社会满足感、虚荣心、自我精神满足等。

(4) 终极欲望

这是宗教、圣人所宣扬与追求的。如修炼成神、得道成仙、成为圣人等。

3. 九型人格分类法

九型人格学是一门古老的学说，距今已有两千多年的历史，是按人的基本欲望来对人进行分类的。

(1) 完美型

这种特质的人有着极强的原则性、不易妥协、黑白分明、对自己和别人的要求都很高、追求完美、不断改进、感情世界薄弱；希望把每件事都做得尽善尽美，希望自己每天都有进步。

他们有忍耐力、有毅力、守承诺、爱家顾家、遵纪守法、有影响力、喜欢控制、光明磊落；喜欢劝勉教导他人，相信自己每天都有干不完的事。

他们是典型的完美主义者，很多时候无论是对自己，还是对身边的人只有批评。当遇到什么不顺心的事情时，容易感到愤怒、不满，觉得事情不应该这样发生……对这些事情的要求都很高。

(2) 全爱型、助人型

这种特质的人渴望接受别人的爱或形成良好关系、喜欢迁就他人、以人为本；很在意别人的感情和需要，十分热心，愿意给别人付出爱心，只要看到别人满足地接受他们的爱，他们才会觉得自己活得有价值。

他们温和友善、性情随和，绝不会直接表达需要，是典型的好好先生；他们慷慨大方、乐善好施，虽然对别人的需要很敏锐，但却经常会忽略自己的需要。

在他们心中，满足别人的需要比满足自己的需要更重要，所以很少向人提出请求。可是，他们花费的时间和心力越多，就越希望得到更多的回报。如果朋友不这样对他，他便会感到很失望。

(3) 成就型

这种特质的人有着强烈的好胜心，喜欢与别人做比较，经常会以成就衡量自己的价值高低；他们看重形象，惧怕表达内心感受，希望得到大家的肯定；他们有野心，不断地追求卓越，希望与众不同，希望受到别人的注目、羡慕，成为众人的焦点。

他们自信、活力充沛、风趣幽默、处世圆滑、积极进取、形象美丽；他们有着很强的争胜欲望，喜欢接受挑战；会全心全意地去追求一个目标，坚信“天下没有不可能的事”。

（4）艺术型、自我型

这种特质的人容易情绪化，追求浪漫，惧怕被人拒绝，有着极强的占有欲，喜欢我行我素；他们喜欢讲不开心的事，容易忧郁、妒忌，喜欢追寻好的感觉；珍惜自己的爱和情感，会好好滋养它们，同时用最美、最特殊的方式表达出来。

他们多愁善感、想象力丰富、经常会沉醉在自己想象的世界里；容易受感情主导，容易感情用事，不会考虑责任的问题。

（5）智慧型、思想型

这种特质的人喜欢冷眼看世界，喜欢思考分析，虽然懂得很多，但缺乏行动力；他们对物质生活要求不高，喜欢精神生活，不善于表达内心的感受。

他们想找出事情的脉络与原理，以此作为行动的准则；只有获得了知识，他们才敢行动，才会有安全感。

他们温文尔雅、学识渊博、做事条理分明、表达含蓄、沉默内向、冷漠疏离、欠缺活力、反应迟缓；他们喜欢观察、批评，每天都有看不完的书。

（6）忠诚型

这种特质的人做事通常都小心谨慎，不会轻易相信别人，喜欢群体生活；为别人做事的时候会尽心尽力，不喜欢受人注视，不喜欢转换新环境。

他们相信权威，喜欢跟随权威的引导行事；同时，又容易反权威，性格中充满矛盾。

他们有着很强的团体意识，需要亲密感、安全感，需要被喜爱、被接纳；他们忠诚、警觉、谨慎、机智、务实、守规，是纪律的维持者。

（7）活跃型、开朗型

这种特质的人通常心态乐观，喜欢追赶潮流，不喜欢承受压力，怕负面情绪；想过愉快的生活，想创新、自娱娱人，渴望过上比较优越的生活。

他们乐观、精力充沛、迷人、好动、喜欢新鲜事物，“最紧要的是玩得开心”是他们的生活哲学，不喜欢被束缚、被控制。

（8）领袖型、能力型

这种特质的人一般都追求权力、讲求实力、不喜欢依靠他人、有正义感、喜欢做大事；他们是绝对的行动派，一旦遇到问题，就会立刻采取行动去解决；独立自主、一切靠自己、喜欢依照自己的能力做事。

他们具有攻击性，以自我为中心，轻视懦弱，尊重强人，有什么不满意会当场发作；喜欢命令他人、说话大声、有威严、喜欢辩论，靠意志来掌管生活。

（9）和平型、和谐型

这种特质的人十分温和，不喜欢与人发生冲突，不喜欢自夸，不爱出风头，个性淡泊；他们想和大家都和谐相处，避开所有的冲突与紧张，希望事物能维持美好的现状；会忽视掉让自己感到不愉快的事物，并尽可能地让自己保持平稳、平静。

他们温和友善、忍耐、随和、怕竞争、无法集中注意力，经常会将注意力集中在细节、次要的事情上，对大多数事物都没有多大的兴趣，不喜欢被人支配，不会直接表达不满。

参透语言背后的动机

一个人说话的方式是长时间的积累形成的，反映了其性格、心理、气质和态度。

在人际关系中，最容易被破译的语言密码，就是常用的客套语。客套语的存在是社会发展的必然结果，那么从平常的客套话中如何寻找语言背后的动机呢？在本节中，我们就来介绍一些实用的方法，但最好要活学活用。

俗语说："言未出而意已生。"在现实生活中，常常会有欲言又止、吞吞吐吐的现象发生，其实在那一刻他的真实动机已经泄露了。下面的内容，就是告诉人们怎样通过察言而洞察人心。

在正式场合中发言或演讲的人，开始时就清嗓子者，多数是由于紧张或不安。

说话时不断清嗓子，改变声调的人，可能还有某种焦虑。

有的人清嗓子，则是因为他对问题仍迟疑不决，需要继续考虑，一般有这种行为的男人比女人多，女人比儿童多。

故意清嗓子则是对别人的警告，表达一种不满的情绪，意思是说，如果你再不听话，我可要不客气了。

人们在沟通的过程中，经常会使用上推或下切的语言模式。如果内心感到不安，就会上推；反之，则会下切。比如，有些阅历丰富的女孩，即使面对自己不喜欢的男人，也能从容不迫地应付。仔细分析她们的语言模式，就会发现，关键时刻她们说话都会带有下切。

曹操很喜爱曹植的才华，想废掉曹丕转立曹植为太子。当曹操征求贾诩的意见时，贾诩却一句话都不说。

曹操感到很奇怪，问：“你为什么不说话?”贾诩回答说：“我正在想一件事!”

曹操问：“你在想什么事?”贾诩回答：“我正在想袁绍、刘表废长立幼招致灾祸的事。”

曹操听后哈哈大笑，立刻明白了贾诩的言外之意，于是不再提废曹丕的事了。

这就告诉我们：在许多场合，有一些不好直说、不能直说的话，可以旁敲侧击、绕道迂回。在职场工作，要会听弦外之音。

看到自己有个好上司，迈克感到很高兴，因为上司经常对他笑眯眯地讲：“不错不错，真棒。”初出茅庐的迈克一听表扬，差点连自己的中文名字都忘记了。他跟自己的同学吹嘘说：“很可能最近我就会加薪了哟。”

两周后，迈克与同组的玛丽一起做一个项目，给老板做流程演示的时候，老板仍然微笑点头，连说：“很好。”迈克开心的表情还没完全展开，就听见玛丽以诚恳的语气说：“请多给我们一些意见吧，我们真的很需要知道这个项目有哪些不足。”

结果，老板一连点出了几个死穴，玛丽吓出一身冷汗。原来，“很好”“不错”背后的意思是“不够好”“很糟”；只有继续追问，才能得到真正的意见。

一个善于“解读”他人的人，往往拥有很高的情商。而这些人也更容易参透他人语言的秘密!

眼神接触是一个真实有效的方法。如果一个人拒绝把目光停留在你身上，要想让其长时间将目光停留在你这里，就要多花费一些时间了。

注意肢体接触上的距离。对于不熟悉的人，我们只会简单地拍拍肩膀或者握握手；如果有了其他的身体接触，则表明双方的关系更亲近。

使用镜像法或者嗜同神经行为来测试。沟通的时候，我们经常会模仿对方在谈话中的行为。可以尝试使用引领法来改变你的身体姿势，比如，交叉或者放开手臂。如果对方模仿你了，就说明你们的关系比较融洽。

读懂行为背后的动机

从理论上说，人的任何行为都是有其动机的，“没有无缘无故的爱，也没有无缘无故的恨”，动机是一种行为出现的真正原因。做一件事情可以找出很多理由，但只有真正的原因才能叫作动机，其他的理由都是为动机服务的借口。

可是，真正的动机大都被隐藏了起来。有限而肤浅的表面和行为就好比露出海面的冰山一角，动机则隐藏在海面之下。所以，要想了解人类内心世界，就要重视“动机”。

古人和现代科学研究都在提醒我们，人们的真实意图经常会通过举手投足体现出来，经常会暗藏在神态、服饰之中。一旦掌握了读懂他人身体语言的本领，即使对方再有心机，城府再高深，在你面前也很容易暴露出其全部的心迹。

说到识人用人，不得不提到历史风云人物曾国藩。

在中国近代历史上，曾国藩发挥的作用不容小觑。尤其是其在知人善任、教育子女等方面，做出了令世人称道的成绩。

他不仅让自己的门徒、幕僚、学生去推行自己的儒家思想、政治抱负；还利用群体的力量完成自己想做的事。可以说，曾国藩的一生就是识人用人，爱才聚才的一生。他还独创了一套相人识人口诀："邪正看眼鼻，真假看嘴唇；功名看气概，富贵看精神；主意看指爪，风波看脚筋；若要看条理，全在言语中。"

俗话说得好，"可以不识字，但不能不识人"。识人的重要由此可见一斑。

李鸿章训练淮军时，带了三个人来求见曾国藩，请其给他们分配职务。不巧，曾国藩刚好饭后出外散步，于是命三人在室外等候，自己则进入室内。

等到曾国藩散步回来，李鸿章请传见三人。曾国藩说："不用再召见了，站在右边的是个忠厚可靠的人，可委派后勤补给工作；站在中间的是个阳奉阴违之人，只能给他无足轻重的工作；站在左边的人是个上上之材，应予重用。"

李鸿章惊讶地问道："您是如何看出来的呢？"曾国藩笑道："刚才我散步回来，走过三人的面前时，右边那人垂首不敢仰视，可见他恭谨厚重，故可委派补给工作；中间那人表面上毕恭毕敬，但我一走过，立刻左顾右盼，可见他阳奉阴违，故不可用；左边那人始终挺直站立，双目正视，不亢不卑，乃大将之才。"

曾国藩所指左边那位"大将之才"，就是后来担任台湾巡抚的鼎鼎有名的刘铭传。

曾国藩通过观察一个人的行为举止，以鉴识其品德与才能，而后量能授官，这就是他的识人方法。不论做什么事，其成败的关键就在于知人善任，也就是识人善任。知人困难，善任也不容易。

一天，下面报来一份材料，说：湘乡人文辅卿表现很好，在筹措资金方面很有创意。曾国藩批示说：用人，就要用没有官气而有条理的人。同时，写信给李鸿章的兄弟李瀚章，谈到了四项用人标准：

第一是有操守。首先，要清廉；其次，要有节操，有气节，有一种临事不惧、临难不苟的胸怀和修养。

第二是没有官气。一个人无论发展到什么程度，如果官气很重，发展必然会受到局限，不会再有大的发展了。

第三是多条理。每天用得着的不能太繁多，两句话足够，要把复杂的事情变得简单一些。

第四是少大言。喜欢放空话、说大话的人，绝不能用，要讲实话，讲真话。

就是因为曾国藩熟谙相人识人用人的方法，使他在咸丰过世、肃顺倒台的时候，不但没有受牵连，反而升为两广总督；没有使一向亲满排汉的清朝廷削弱他的兵权；没有在太平天国灭亡后步入“兔死狗烹”的后尘。并且，成为清代文臣封武侯（勇毅侯）的第一人。

读了曾国藩的识人用人故事，是不是学到很多。如果想了解更多这方面的知识，可以多研究一下曾国藩。

人一生追求的两大核心需求

在社会中生活，人一共有两方面的需求：一是物质生活需求，二是精神生活需求。

1. 物质生活需求

物质生活需求是人的第一需要，是人生一刻不能少的生活需求。那么，一秒都不能少的物质是什么呢？就是我们身边无时不在的空气。

如果按人和动物、植物对大自然赐予需求的紧迫度来排列，所谓的“生存四要素”主要指，一是空气，一秒都不能少；二是水，两三个小时人就要补充一次水分，不然就会脱水伤身；三是阳光，是万物生长之源，人和动物、植物都离不开太阳的光和热；四是大地，给动物、植物提供了立足之地。这就是大自然赐予我们的“生存四要素”，是大自然给动、植物提供了赖以生存的物质。

如今，物质极大丰富，人们都非常匆忙，都在忙着挣钱，大家整天讨论的就是如何挣钱，朋友们聚在一起也大多在商量有没有挣钱的商机。虽然现在大家的生活和以前相比都好了很多，可是人们依然不知足：房子有了一套，还想买更大的；车子有了，还想买一部更高档的；衣服多的都放不下了，还继续买流行的……大家只有一个感觉，就是挣多少钱都不够花。可是，人类不仅要追求物质生活，更要追求精神生活，这才是人之所以为人的根本。

2. 精神生活需求

在精神生活层面，人类的恒久需求为确定性/心安、不确定性/变化、重要性、连接/爱、成长和贡献六项。我们可以建立新的执行模式，迅速地主宰自己的生活。

(1) 确定性/心安

对大多数人来说，确定性即是充满希望，我们都需要确定性，以此来远离痛苦、增加快乐。不管在任何时候，都要觉得自己应该是被爱的、被接纳的、被包容的、值得爱的；生活要有安全感，必须要有足够的金钱来购买生活必需品；自身的权利要受到政府的保护，不受敌人和暴政的威胁；人生中不会有重大疾病或毁灭性的灾难，身边总有人能帮助你渡过难关……

安全感最早源于童年，在从小和父母的互动中形成了我们的依恋关系。这种依恋关系决定着我们的安全感，也影响着我们的一生。很多人长大后缺乏安全感，缺乏"爱自己和爱别人"的能力，就是因为早年的不幸经历。

安全感不足的表现有：焦虑、担心、怀疑、不信任别人，潜意识里总觉得自己不够好，讨好他人或攻击他人……所有的这些表现其实都是为了得到别人的关注。

(2) 不确定性/变化

每个人都喜欢多样化、惊喜、充满活力、挑战性，以及体验满足的感觉。一旦被困在枯燥单调的日常事务中，很可能会产生不良情绪，很可能会患上疾病。

任何一种工作，只要做得时间长了，都会在一定程度上令人感觉单调。可是，即使是做最单调的工作，有新体验的存在，这样的单调也是可以忍受的。如果新的一天开始，你没有希望，没有一点振奋人心的东西值得去期待，那么这一天你将没有任何收获。

每个人都喜欢多样化，感觉过于安逸，就少了一些趣味；过于多样化，又会觉得没有安全感。我们的生活，需要某些程度的踏实感，为了协调多样化的感受，必须在两项需求之间寻找平衡。

（3）重要性

每个人都希望自己对他人来说是重要的，都希望在某方面具有特殊的能力，生活有特殊的目标或意义。有的人甚至可以借消极的方式来认定自己独特的个性。例如，想象自己比其他人都优秀，因而故意制造问题来显示自己的独特性。医学界也显示，为了引起他人的关怀或注意，有的人会刻意加重自己的病情。

为了显示自己的重要性，每个人的表示方法都不同：有些人努力赚更多的钱；有些人收集更多玩具；有的人读书进修取得更高的学位；有的人则穿着特殊，独具风格。

（4）连接与爱

我们都需要爱！情感的依靠很重要，当你心里感到踏实的时候，你的状态会特别好。可以肯定的是，每个人都有爱和被爱两种需要。相爱的两个人之间，如果不能同时感受到爱和被爱，这样的爱情就是危险的。千万不要误以为对方是一个只会爱别人而不需要别人去爱的人，因为这样的人是不存在的。

一定要记住一个简单的道理：所有人的需求都是相似的，如果持续地付出自己的希望，得到同等的对待，他人必定会以同样的回应对待自己。

（5）成长

成长就是生活，地球上的所有物质，不是处于生存状态，便是处于死亡状态。成长是生活中的主要需求之一，与拥有的金钱多寡，结识朋友的多少，甚至一生的成就，都没有关系。

生活本身会保证你无论如何都要成长：要么清醒的自主成长，要么生活经历会逼迫你成长。当然，最佳状态就是清醒地成长和主动地改变。

（6）贡献

每个人都应超越自我，过有意义的人生，如此才能体验到真正的喜悦和成就感。人们通常无法付出本身没有的事物，但为他人做一些贡献还是可以的。无私的奉献，会让人获得难能可贵的喜悦。

你认为有趣的行为，肯定是让你有着踏实、多样化、重要性或独特性、关系、成长和贡献的感受。当我们察觉出某项行为合乎自己的需求时，必定会付诸实际行动。同样，自己一向逃避或拖延的某些事情，必定是因为过去的经验让你备感缺乏乐趣，认为并不符合自己的需求。

只要稍微改变观念或策略，你就会发现，人类所有的行为均将符合这六项需求。如果你熟知并把握了符合六项需求的方法，自己就会充满干劲，明确地知道如何达成目标，找到努力方向。那么，你的人生也将焕然一新！

第二章 解码人性沟通

人际沟通是人们在人际交往中彼此交流思想、感情和知识等信息的过程，是信息的双向流动。

人际沟通是一种历程，而且是一种有意义的沟通历程。人际沟通具有心理上、社会性和决策上的功能，和我们的生活有着密切的联系。心理上，人们会为了满足社会性需求和维持自我感觉而沟通，也会为了发展和维持关系而沟通；在决策中，人们会为了分享资讯和影响他人而沟通。

心理学认为，人是一种社会性动物，与他人相处如同对食物、水、住所等的需要一样重要。如果与其他人失去了相处的机会，很容易产生一些症状，如产生幻觉、丧失运动机能、心理失调等。我们平常都会与其他人闲聊一些琐事，即使是一些不重要的话，也会因满足了彼此互动的需求而感到愉快与满意。

通过沟通，我们能够探索自我和肯定自我。为了得知自己拥有的专长与特质，有时是需要通过沟通从别人口中得知的。与他人沟通后所得的互动结果，往往是自我肯定的来源。人都想被肯定、受重视，因此从互动中就能找寻到部分答案。

人际关系提供了社会功能，借着社会功能我们还可以发展、维持与他人间的关系。我们必须经由他人的沟通来了解他人；借由沟通的历程，让彼此的关系得以发展、改变或者维系下去。因此，在与某人做第一次交谈后，可能会决定和此人保持距离，或者接近他，或者远离之。

人类不仅是一种社会性动物，还是决策者。我们无时无刻不在做决策，不论是接下来是否要去看电视，明天要穿哪一套衣服，或者是否该给对方一个微笑，都是在做决策。但有时可能是靠自己就能决定的，有时候却需要和别人商量。

所以，懂得人性才能更好地进行沟通。

人到底被什么影响

1. 影响沟通效果的因素

在人际沟通中，影响沟通效果的因素有很多。如果只从心理因素方面找，属于沟通障碍的因素主要有以下几方面。

（1）自负

只关心个人的需要，强调自己的感受，目中无人。与同伴相聚，生气时会不分场合地乱发脾气，高兴时则会海阔天空、手舞足蹈地讲个痛快，根本不会考虑别人的情绪和态度。

（2）忌妒

对与自己有联系的而强过自己的人，不信服、不高兴、失落、仇视，甚至带有某种破坏性的危险情感。西班牙作家赛万提斯指出：“忌妒者总是用望远镜观察一切，在望远镜中，小物体变大，矮个子变成巨人，疑点变成事实。”

（3）多疑

具有多疑心理的人，通常都会先在主观上设定他人对自己不满，然后在生活中寻找证据。正如英国哲学家培根说的：“多疑之心犹如蝙蝠，它总是在黄昏中起飞。这种心情是迷陷人的，又是乱人心智的。它能使你陷入迷惘，混淆敌友，从而破坏人的事业。”

（4）自卑

自卑的人通常都会拿自己的缺点和别人的优点进行比较，总觉得自己处处不如别人，看不到自己的价值，对生活失去希望，甚至会有轻生的念头。

（5）干涉

以刺探到别人的隐私而沾沾自喜，是一种低层次的心理满足。

（6）羞怯

具有这种心理的人，在交际场所或大庭广众之下，通常都羞于启齿或害怕见人。

（7）敌视

总是以仇视的目光对待别人。

……

努力克服这些沟通中的心理障碍对人际关系非常重要。让自己的心态更加健康，让自己更受群体的喜欢，长此以往，你的生活不仅会变得更加有乐趣，做事也会变得更加轻松、容易成功。

2. 沟通的意义

（1）沟通是人类社会性的开始

沟通是人类社会性的开始，是人类社会行为、集团行为或团队行为的基础。从这个意义上来说，沟通与信息的意义好像是一样的。可是，信息传递可能是单向的，但沟通必须是双向的。另外，信息传递不必以心灵为基础，可以以知识为基础，或以技术手段为基础。但沟通必须以心灵为媒介，而且沟通要寻找双方利益共同点，所以沟通对于形成人的社会行为，包括团队行为或集体行为，更具有凝聚力或精神黏合剂的作用。

（2）沟通是相互了解的开始

人类行为讲究趋利避害，人们一般都喜欢追求利益、远离灾难。谁也不愿意与脾气不好的人合作，都愿意与随和的人合作；都愿意通过合作获得更多利益，而不是通过合作来损失利益。所谓“道不同，不相为谋”，合作就要找志同道合者，因此就需要通过沟通来进行了解。

（3）沟通是建立信任的开始

信任是长期沟通的结果。实际上，人们往往都是先通过沟通来相互了解，然后通过了解建立信任，再通过信任建立集体或团队关系。实践中，就是“沟通—了解—信任—合作”这样一种逻辑关系。同时，我们还发现，凡是心理变态走向犯罪的孩子，一般都与父母间缺乏正常的沟通。

沟通是对他人的一种尊重，沟通就是平等待人，沟通能够促成心理健康。同样，老年人年龄大了后，也需要情感交流和精神交流，特别需要同龄人之间的交流。这也从另外一个方面说明了人类的社会性特征。

（4）沟通好能够事半功倍

沟通好能够事半功倍，能够提高集体工作的成效；否则系统就会内耗不断，事倍功半。因此，系统力的展现就是要使系统的效果大于部分之和，这依赖于有效的沟通。

（5）沟通对组织的健康维系和维护至关重要

有效和良好的沟通不仅能创造一个社会组织体，而且对社会组织体的健康维系和维护至关重要。人们研究沟通的时候，通常只能看到它促进团队或一个结构形成时的作用，却看不到它在一个团队或结构解体时的作用。

排斥力的爆发是一分一分地发泄，或者是建设性地发泄，某一成员的怨言或退出是不会威胁到集体的秩序的。

（6）沟通是调解矛盾冲突的润滑剂

谈判是利益双方的一种沟通，商业合同也是如此。不可调解的矛盾在军事上就是战争，在商业上就是竞争，就是价格战；而商业联盟和价格联盟就是沟通的产物。

在私人生活上，不可调和的矛盾比较典型的例子就是离婚，而结婚则可以看作是沟通的产物。其实，即使在战争这种不可调和的冲突中仍然有沟通的空间。战争中也讲谈判，有时打打谈谈，有时边打边谈。

（7）沟通有助于创新

沟通之于创新，讲的是相似智慧的人可以同频放大，互相进行智慧促进与智慧激发，但不一定要形成行为共同体，但这也需要以心理作为沟通的媒介。

（8）沟通是一种文化的向外传播

从本质上来说，商业文明也是一种沟通文明；在商品交换的同时伴随着一种思想的交换、交流与认可，因此商品会成为思想与文明或文化传播的载体，向消费者传递商家所赋予的一种思想和生活观；而消费者购买某种商品就是在认可商家。

人的能量来自哪里

一位高人说过，唯有不可思议的目标才能产生不可思议的结果。认真写下你的目标，因为它一不小心就可能实现。目标一定要写下来，因为写下来的目标会产生神奇的力量。

在我们的职业生涯中，强烈的成就欲望与成就导向是取得职业成功的动力之源。所谓成就导向，是指个人成功完成或在工作中追求卓越的愿望，具有高成就导向的人通常都希望出色地完成企业和团队布置的任务，在工作中极力达到某种标准，愿意承担重要的且具有挑战性的任务。

这种人在工作中通常都有着强烈地表现自己能力的愿望，他们会不断地为自己设立更高的标准，努力追求事业上的进步。强烈的成就欲望，促使他们对未来充满信心。在野心勃勃、朝气蓬勃的激情驱动下，他们会精神抖擞、斗志昂扬；在征服一个又一个高峰的过程中，他们会实现自我。

人生犹如下围棋，有的人会一步一步地算计，有的人则会从全局考虑，格局大了，即使一块失掉了，也照样能在其他的地方赢回来。生命也是如此。如果你能着眼于大山，最终就能得到整个森林；如果你仅仅着眼于眼前的土丘，辛苦劳碌最多也只能得到几百棵树木而已。

在日本三洋电机的创始人井植岁男家里的花园里，有一个种花的人。有一天，这个人看到井植在花园里散步，就和他说：“社长，您的公司做的这么大，而我就像一棵小草一样，我太没出息了，您能不能给我一个机会呢？”井植看了看他，说：“你有什么特长呀？”

这个人说：“我家几代都是种花的，我就会种花。”井植说：“那好吧，我们公司还有7万平方米的一块空地，我想种植花木，树苗和肥料费我来出，你负责除草、施肥和技术工作，最后收入的利润我俩一人一半，你看怎么样？”

这个人听到这里，急忙摆摆手拒绝说：“我可不敢做这么大的生意，我也做不了呀！”结果，他还是在井植家种植树苗，按月拿取工资。

这个故事说明了什么？这个种花人也有一种发财、成功的欲望，可是这个欲望被巨额的预期利润吓得破灭了，他的内心承载不了那个在他看来是个天方夜谭的欲望，他没有那个“野心”。这里的“野心”，就是我们常说的“雄心壮志”。

难以想象，一个心志不高的人，一个没有远大的理想和目标的人，会创造出什么奇迹。比如，人人都渴望拥有财富，可是每个人对金钱的渴望程度却是不一样的，拥有金钱的多少也不一样。

1998 年，法国最年轻的媒体大亨、财富排名前五十的巴拉昂因病去世，他将自己赚到的 4.6 亿法郎的股份捐赠给了医疗机构，用于改善人们的健康。同时，他还为后人留下了一份意味深长的遗嘱，并声称，谁回答了遗嘱中的问题，就会得到 100 万法郎的馈赠。这份遗嘱被公布在《科西嘉人报》上。遗嘱的大致内容是：

我曾是一个穷人，死去时却是以富人的身份走进天堂的。在跨入天堂的门槛之前，我不想把我成为富人的秘诀带走，现在秘诀就锁在法兰西中央银行我的一个私人保险箱内，保险箱的三把钥匙在我的律师和两位代理人手中。谁能通过回答“穷人最缺少的是什么”而猜中我的秘诀，他就将得到我的祝贺。当然，那时我已无法从墓穴中伸出双手为他的睿智而鼓掌，可是他却可以从那只保险箱里荣幸地拿走 100 万法郎，那就是我给予他的掌声。

之后，《科西嘉人报》收到了 48561 封信件，在五花八门的答案中，只有一位叫蒂勒的小姑娘猜对了巴拉昂的秘诀，这就是——野心。

很多记者带着满腹好奇，问年仅 9 岁的蒂勒，为什么会想到是野心呢？蒂勒说：“每次我姐姐把她 11 岁的男朋友带回家时，她总是警告我说不要有野心！不要有野心！我想，也许野心可以让人得到自己想到的东西。”蒂勒简单的答案轰动了法国，也震动了世界。

长期以来，“野心”这个词被我们误解了，甚至还带有贬义的味道。其实，纵观古今中外的大成者，他们的发迹和成功不都源自“野心”吗？“野心”驱动他们勇往直前、不懈追求，激励着他们夙兴夜寐、闻鸡起舞！再看看我们身边那些取得成功的人，他们是不是每天都在憧憬着自己的未来？

其实，“野心”就是强烈的进取心的代名词，有了这种野心，人们就会主动地去寻找实现目标的方法；有了这种野心，人们才能全力以赴、马不停蹄。“任何会动的东西，都是我们的猎物。”比尔·盖茨正是拥有这种非凡的野心和一往无前的动力，才成就了他的微软帝国。

所以说，人的能量来自欲望和野心。

NLP 沟通的 12 个原则

NLP 是神经语言程序学（Neuro－Linguistic Programming）的英文缩写。其中，N（Neuro）指的是神经系统，包括大脑和思维过程；L（Linguistic）是指语言，更准确点说，是指从感觉信号的输入到构成意思的过程；P（Programming）是指为产生某种后果而要执行的一套具体指令，即我们思维上及行为上的习惯。因此，NLP 也可以解释为研究我们的大脑如何工作的学问。知道大脑如何工作后，对其进行配合和提升，就可以使人生获得更大的成功。

如今，随着科技的进步、知识的增长，许多传统想法正在被颠覆。只要我们把更多的目光投向已取得的成功和已发生的奇迹，就会发现，人类蕴藏着无限的潜力。而 NLP 就是要最大限度地挖掘人类潜力，促使人类朝着理想的方向顺利发展。

学会 NLP 式的思考方法是提升自己的最佳途径。NLP 会帮助你重新审视过去的自己，掌握新的生活方式、生活态度，增加与各种人的接触机会，沟通的可能性会出现飞跃性的增长。

世界上大多数问题的出现都是由于缺少沟通，或是因为不敢挑战自我。正如一位高人所说，如果能摆脱固有的约束，就可以实现以爱为基础的另一种生活方式。我们相信，每个人都可以发现自己的潜力和奋斗方向，从而过上理想的生活；当一个个幸福的小团体汇聚起来时，整个社会的和谐与幸福也就实现了。

大量研究表明，NLP 沟通应该遵循以下 12 个原则。

1. 没有两个人是完全一样的

人与人之间的不同，构成了世界的奇妙。只有尊重别人的不同，别人才会尊重你独特的地方；只有给别人空间，才是对别人信念、价值观和规条的尊重，如此才能建立良好的沟通关系。

2. 一个人不能控制另外一个人

好的动机会促使一个人去做某件事，可是不能给他控制别人或使事情恰如他所愿发生的权利。只有改变自己，才有可能改变别人。找出对方的价值观，创造、增大或转移对方在乎的价值，对方便会产生推动你的行为。

3. 有效果比有道理更重要

“讲道理”的时候，我们都会把焦点放在过去的事上；如果注重效果，就容易把注意力放在未来。效果是计划的基础，也是所有行动的指针，要想真正推动一个人，不仅需要感性的力量，还要加上理性的认同。

4. 没有绝对的真实世界

感官运用总会对客观世界的资料进行主观选择，摄入的资料经由我们自身的信念、价值观和规条过滤而决定其意义，因此能储留在我们的头脑里。

只要改变一个人的大脑，其对世界事物的态度便会改变；只要改变主观经验在脑里的结构模式，便会改变事物对我们的影响和我们对事物的感受。因此，不用改变外面的世界，只要改变自己，人生便有所改变。

5. 沟通的意义决定于对方的回应

沟通没有对与错，只有“有效果”和“没有效果”之分。自己说什么都不重要，对方接受什么才重要。一句话可以通过多种方法表达出来，使听者完全接受或大部分接受你所传达的信息，便是正确的方法。

说话的方法由说话者控制，可是效果由听者决定。只有改变说话的方法，才有机会改变收听的效果。要想实现沟通的成功，先觉条件是和谐；如果说话的方式不够灵活，必然会引起听者的反感。

6. 重复旧的做法只会得到旧的结果

只有采用不同的做法，才会产生不同的结果。任何创新的做法，都会比旧的做法多一分成功的机会。“做法”是规条，目的是取得效果；当我们把焦点放在取得的效果上时，就会不断地灵活修正做法。

改变是所有进步的起点，有时必须把全部旧的想法放下，才有可能实现突破；过分专注于问题本身，就无法看到周围的众多机会。

7. 凡事必有至少三个解决方法

做法越多，选择的机会也就越多，能力也就越强。如果你不成功，只能说明，你现在使用的方法得不到想要的效果，现在已知的方法都行不通。

8. 每个人都选择给自己最佳利益的行为

不管做任何事，每个人都是为了满足自己内心的一些需要。每个人的行为，对他的潜意识来说，都是当时环境里最符合自己利益的做法。因此，在每种行为的背后，必定有正面的动机。了解和接受其正面动机，才容易让对方改变他的行为。

9. 每个人都具备使自己成功快乐的资源

成功快乐之人所拥有的思想和行为能力，都是经过一定的过程而培养出来的。情绪、压力、困扰都不是源自外界的事物，而是由自己内在的信念、价值观和规条产生的。不相信自己有能力或有可能，自然无法获得成功的快乐。

10. 最灵活的部分便是最能影响大局的部分

所谓灵活，就是有一个以上的选择。最灵活的人便是最有能力的人。灵活来自信念、价值观和规条。灵活就是适应，就是接受。

灵活是使事情更快、更有效的重要因素，也是人生成功的重要因素，更是自信的表现。越不相信自己，坚持某个模式的态度就会越强硬。允许有不同的意见和可能性，便是灵活。在沟通中，明白不代表接受，接受不代表投降，灵活的人都会用自己的方式去做出改变，而固执则是在被逼的情况下做出改变。

11. 没有挫败，只有回应信息

所谓“挫败”，是指过去的做法得不到期望的效果，是需要改变的一种信号。

挫败是过去的经验，而经验是让我们提升的踏脚石，因为经验是能力的基础，而能力是自信的基础。每次“挫败”，都只不过是学习过程中修正行动的一个步骤。要想获得成功，首先就要相信有成功的可能。不愿意接受这种可能，便没有资格享有“成功”。

12. 动机和情绪不会错，只是行为没有效果

在潜意识里，动机总是正面的。潜意识从来都不会有伤害自己的动机，只会错误地以为某种行为可以满足某些需要，而又不知道有其他做法。

人的大脑软件被什么控制

一个人任何行为的产生都是由其潜意识的“三套软件”决定的，即价值观、信念、能力。

2013 年 3 月，《南方日报》发了一条微博——“武汉 2 万余名大学生背债买‘苹果’”只需提供身份证和学生证，就可以首付三成买 iPhone 手机。一年间，就有 2 万多名武汉大学生办理了担保服务，额度超 1.6 亿元。他们大多瞒着父母，还贷的钱还得从牙缝中

抠。如果中途没钱还贷，就会向父母求助，已经有近百人逾期未还款而背上信用污点。

在这里，我们不去评论这些大学生的做法对错与否，只是想用 NLP 的原理剖析一下“苹果”的营销，以及学生的购买行为是如何产生的：学生想要得到 iPhone 带给自己的便捷和荣耀，这是价值观；他们相信只有拥有 iPhone 才能获得别人的尊重，其他品牌不行，这是信念；首付三成就可以购买，这是学生的能力。所以，潜意识的三套软件决定了，学生必然会产生“背债买 iPhone”的行为！

“苹果”不仅产品好，营销也做得非常了得。“价值观和信念”的建立是过去这些年积淀的，而对学生的成功营销则是对“能力”问题的解决。本来很多学生都没有能力购买苹果手机，可是他们巧妙地解决了这个问题，成功地把产品卖给了“没有购买能力”的人。

由此可见，要想让人产生一种行为，只要锁住他的“三套软件”就可以了。不管是营销，还是管理，抑或别的什么，只要是和人打交道，就逃不开这“三套软件”。

一个人的行为出问题，一定是他的思想出了问题；车抛锚了，一定是哪个部件出了问题。人也是一样。思想出了问题，就可以把思想进行拆卸分解，看看到底是哪个部件出了问题。

监狱里，囚犯收到了妻子来信：“亲爱的，我啥时候种土豆？”

囚犯知道种土豆翻地很累，妻子身体又不好，于是回信说：“你一定要记住，后院那片菜园，不要翻挖。有些枪埋在那里，具体位置记不清了。”

过了几天，妻子来信：“有几个调查人员，把后院菜园全部深翻了。”囚犯回信说：“现在你可以种土豆了！”

如何控制一个人，让他产生你想要的行为？只要把“三套软件”锁住，对方就会产生我们想要的行为。比如，想让一辆车去A点，就要告诉车“油对你很重要”，这是价值观；“去A点就可以加油”，这是信念；“你有能力去A点”，这是能力。一旦将“三套软件”锁住，车就会自动产生行为——去A点，而且心甘情愿，执行力超强。

故事中的囚犯很聪明，他利用潜意识的“三套软件”，巧妙地让警察为他家出苦力。警察要找到枪支的埋藏地点，这是价值观；警察相信了枪支埋藏在菜园里，这是信念；最后，警察便动用自己的能力把菜园给翻了。职场中有些老板总说员工不好管、不听自己的、执行力不强，其实不是员工不按你说的做，而是你没有找对方法，没有找到解码人的思想的方法。

一次，丘吉尔坐出租车去一个地方演讲，司机并没有认出他。

中途，丘吉尔突然想去一个地方，于是对司机说：“麻烦您在这儿等我一下。”

司机不乐意，说：“不行，我要赶去听丘吉尔的演说！”

丘吉尔非常高兴，重赏他小费。没想到司机一见到钱，连忙改口说：“行行，我就在这等您，才不管什么丘吉尔！”

你看，所谓的忠诚都是在一定的“时空”框架内，无缘无故的忠诚是没有的！

其实，忠诚并不是一个人最终的目的，他之所以会对你忠诚，一定是想通过忠诚获得什么，也就是能得到什么好处。如果改变了“时空”，这个好处不复存在，或有另一个好处大于这个好处时，他的忠诚信念就会动摇。

员工不会对老板忠诚，只对老板带给他的好处忠诚；老公不会对太太忠诚，只对太太带给他的好处忠诚。一旦读懂了人性，很多问题也就迎刃而解了，所以，要想让别人对你忠诚，就要想办法持续地为他提供他想要的好处；要想留住员工，一定要想办法为员工提供他们想要的好处；要想留住老公，也要持续地为他提供想要的好处……认识人、了解人，你将无所不能。

为了逃避死亡，一个科学家克隆了 12 个“自己”，想在死神面前蒙混过关。

面对 13 个一模一样的人，死神果然无法分辨，科学家非常得意。可是，死神非常了解人性，他眼珠一转，说：“先生，你确实是个天才，但你的作品并不完美，还有一处小瑕疵。”

话音未落，科学家就暴跳起来：“不可能！哪里有瑕疵？……”

一个人，不管他有多强大，不管他有多成功，其思想也是由“三套软件”构成的：有他自己想要的东西，有他相信的途径，有他自己的做事方法。所以，只要把人研究透了，就很容易引导他人产生我们想要的行为。

潜意识和意识的区别

我们的思想可以分成两部分：一是意识，二是潜意识。潜意识的力量比意识大 3 万倍，所以要想激发潜能，就要运用潜意识。

人生最宝贵的财富不在别处，就在陪伴我们一生的心灵中。只要学会了使用这种无所不能的神奇力量，你的人生将会与众不同。潜意识塑造现实的力量异常强大，如果你认为你是好人，你就会是好人；如果你认为你是个彻头彻尾的大坏蛋，你就是一个彻头彻尾的大坏蛋。

只要潜意识接受了一个观念，就会立刻将其转变为现实。问题的关键在于，无论这个观念是好是坏，潜意识都会不加选择地接收并有力地开始执行。如果这条定律在负面的方向发挥作用，它就会带来失败、屈辱和痛苦；反之，就会带来健康、成功和富有。

只要你在心中切实地感受到了健康的心灵和身体，就一定能够在现实中体验到这份美好。如果想要健康、成功和富有，就尽快开始祈祷和相信吧！你的心灵就是下达命令的将军，而现实只不过是听命于你心灵的士兵罢了。

人类的心灵有一条规律：意识决定潜意识。心理学家和精神专家指出，当意识转化为潜意识时，会在大脑皮层留下生理印记。一旦你的潜意识接受了某种观念，就会立刻开始实践这种观念。它会召唤无穷的潜力和智慧，帮你实现设定的目标。

潜意识总会无条件地接受一切加诸意识层面的观念，一定要记住：潜意识永远都不会知道什么是好、什么是坏。负面和破坏性的想法也隐藏在潜意识里面，它们迟早会转化为现实，从而让你的人生发生改变。

催眠术表明：潜意识不会做出有意识的选择和对比，只会无条件地接受意识给予的建议；而一旦接受了意识层面的观念，就会立刻将其转化为现实；一旦被催眠者进入了催眠状态，催眠师就可以任意对被催眠者施加暗示了。这时，被催眠者无论被暗示成老鼠还是老虎，都会形象地开始展现相应的行为特征。

潜意识不具有独立人格，遇事不加选择，只会忠实地服从意识的指令。所以，控制自己的意识，谨慎地选择意识层面的想法和观念，就显得格外重要。记住，一定要让自己的灵魂与快乐为伴，让内心多一些祝福、治愈和富有启示的力量。

潜意识既不会进行推理，也从不对你告诉它的事情进行分辨。你所遭遇的每件事情，都是你曾在内心中设想并将之印记到潜意识上的结果。如果你的意识和潜意识进行了错误歪曲的交流，就要立刻纠正这些想法。

如果你曾经陷入恐惧、担忧和其他破坏性的思绪之中，就要认识到潜意识的力量，开始祈祷自由、幸福和健康。这时候，潜意识就会发挥塑造世界的神力，带给你梦寐以求的自由和幸福。潜意识对于暗示非常敏感，它从来都不会做出任何推理或比较理性的认知活动，只会把这些理智的活动交给意识。一旦意识认同了某种观念，潜意识就会毫不犹豫地接受。

暗示是一种非常强大的力量。想象一下：大海中，你正站在一艘船的甲板上。海浪轻轻起伏，你觉得自己有些轻微的摇晃。这时，你对旁边的一位女乘客说："天啊！你一定很不舒服吧！你的脸怎么这么难看！你是不是晕船了？要不要我扶你到船舱里去？"女乘客的脸立刻变得毫无血色。你的暗示同她自身的恐惧和不安产生了共鸣，所有的一切足以让她相信自己有些晕船了，于是她让你扶她回到船舱。

就这样，你的口头暗示变成了现实。

人与人沟通的本质

沟通是一种能力，是一种对自身知识能力、表达能力、行为能力的表达。从一般意义上来说，沟通是人类社会性的开始，是人类社会行为、集团行为或团队行为的基础。沟通更具主动性和积极意义，对于形成人的社会行为，包括团队行为或集体行为，更具有凝聚力。

长期来看，沟通是建立信任的凝聚力；从某一次具体的行动来看，沟通双方只有求同存异，或多方建立行动目标交集，才能开启团队或集体行动。

沟通是相互了解的开始。人类行为讲究趋利避害，也就是追求利益、远离灾难，所谓“道不同，不相为谋”，合作就要找志同道合者，因此就需要通过沟通来进行了解。就像找对象一样，要先相互了解，然后才能决定是分是合，能不能走到一起。

从个人走向团队是有条件的，通常来说，个人行为趋向团队集体行为需要借助两种力量：一是走向团队的吸引力，二是排斥力、排他力。当吸引力大于排斥力时，才会走向集体的团队行为，也就是利大于弊；反之，他就会远离合作、远离集体。

沟通是建立信任的开始，也唯有沟通才能建立信任，信任往往是长期沟通的结果。有些父母只顾着做生意、忙事业，只重视物质满足，不注重和孩子的精神交流与情感交流，根本不知道孩子在想什么，当孩子犯了罪后才后悔没有教育好孩子。这就是亲子之间缺乏沟通的不良后果。

中国人一般都内向，心眼小，妒忌心强，不善于沟通。古语“上山擒虎易，开口求人难”说的就是，中国人不善于沟通，不善于团队合作，宁可闭眼猜也不愿意开口沟通。往往一句话能解决的问题或误会，可他就是闷不开口地猜，没问题也猜出了问题。

说到这里，我们顺便提一下关于发牢骚的问题。发牢骚好像很负面，很招领导者讨厌，其实不然！发牢骚是一种沟通的表现，只不过是一种负面沟通。允许发牢骚是企业健康的一种表现，就像生命体的新陈代谢，缺少了这一步，机体就会出问题。可是，许多管理者都不这么想，只想听歌功颂德，不愿意听牢骚抱怨。

牢骚是一种正常的信息反馈，说明机体的某个部位出了问题。如果出问题了，你连痛都不知道，那可就真是要出大问题了。企业管理就怕这个，也是管理者最担心的。企业自下向上的信息传递很容易被利益化加工或利益化操作，歌功颂德的信息传递，捡领导爱听的说，一定会让自下向上的信息传递失真。

信息失真是企业最忌讳的。在失真的信息基础上做出的决策，能是正确的吗？所以，歌功颂德表面上很正面，其实很负面；而发牢骚表面上很负面，其实很正面。牢骚通常都没有经过利益的加工，“真”的成分更大，所以有为的领导者通常都愿意听下属发牢骚。

怎样增强自己的说服力

说服力在人际沟通中非常重要。现实中，有的人磨破嘴皮子也毫无说服力，有的人则句句在理，让对方心服口服。那么，怎样增强自己的说服力呢？

1. 让对方对你产生好感

一般来说，人们都喜欢欣赏自己的人。所以，主动发现对方的优点，并发自内心的赞美对方，对方就更容易接纳你的意见。比如，在说“正事”之前，夸夸他的穿着打扮、人品态度、学识修养等，会产生良好的效果。

2. 借助权威的影响力

多数人愿意听从专家或权威人士的意见，在说服别人时，不如利用一下“名人效应”，告诉对方“这是××专家的建议”或“某位老板也喜欢这样做”，也许就能收到事半功倍的效果。当然，把自己的专长充分展现出来，效果往往也不错。

3. 巧妙利用社会效应

一般来说，人们都害怕与社会脱节，会不自觉地“随大溜”。如果想让对方相信你的话，就可以借助这种“群体力量”，比如，暗示对方“现在流行这样”，或者“前两天刚跟人试过这种方法”等。

4. 把握投桃报李规则

当你对着别人微笑时，别人通常也会用微笑回报。同样的道理，当别人说话时，你点头鼓励、用肯定的目光看着他；轮到你发言时，他也会肯定和相信你所说的话。

5. 自信的人最美丽

自信会令一个人容光焕发，会让一个人充满底气。而说服力就是一个人自信的表现，为什么这样说呢？如果说的不是我们熟悉的、擅长的、正确的事情，怎么会如此自信地表达出来？

一个人的自信并不是凭空出现的，如果想说服别人，首先就要说服自己。因此，想法和观点必须要准确无误，要逻辑严密。而这种语言的境界，是需要建立在充分准备的基础上的。

6. 不断修炼自己

人们常说“晓之以理，动之以情”，要想说服对方，关键在于帮助对方产生自发的意志，激发其行动的力量，如此才能达到良好的说服效果。具体可采用以下方法。

(1) 用事实和数据为自己证明

事实和数据是客观事物的具体表现，比任何描述和个人感受都更有说服力，同时也更能增强自己的信心。

(2) 投其所好，达到说服他人的目的

不仅要考虑清楚自己的想法与行动，也要通过各种方式了解对方的情况，慎重思考应对的说服策略。

(3) 分阶段进行说服

将需要说服他人的问题，分解为几个不同的部分，化整为零，分为不同的阶段实施。

(4) 俯视对方

从下往上仰视对方，很可能被对方的威慑力压制。这时的感觉，与小时候我们仰视父母的感觉是一样的。所以，要学会俯视对方。

(5) 直截了当地说明

如果你想在你所说的各种事情上驾驭他人，就要集中一点，不要分散火力。

(6) 不要夸口

永远不要夸口或者言过其实，在陈述你的情况时积极动脑筋、为自己留有余地，就不必担心会遇到什么责难了。

(7) 平易近人

即使你是一个权威人士，也不能盛气凌人地对待他人。

(8) 必要的外交手腕和策略

使用老练的方法，可以让你少得罪人或不得罪人。

第三章

解码孩子成长

孩子的成长都是有一定规律的，无论是身体、心理，还是智力等。在特定的成长阶段，孩子各方面的特点都会有所不同，父母要根据孩子各个成长阶段的特点，对孩子进行正确的教育，向孩子提出合理的要求，让孩子学到该年龄段应该学会的东西，养成良好的习惯……这些对孩子今后的发展有着巨大的作用，是孩子将来成功的基石。

只有遵循孩子的成长规律进行教育，孩子心情才是愉悦的，接受东西才能更快，将来才会成为社会的栋梁之材。因此，父母一定要了解孩子的成长规律，既不能因为疼爱孩子，怕孩子受伤，就对孩子事事包办，限制孩子去做一切课外的事情；也不能无视孩子的生理、心理等发育特点，对孩子提出过高的要求，揠苗助长。

栽花的人，只有懂得栽花的方法，才能把花栽好；养蜂的人，只有懂得养蜂的方法，才能把蜂养好。同样，教育孩子，只有懂得科学的教育方法，才能够把孩子教育好。父母是否掌握了科学的教育方法，将直接决定对孩子教育的成败。

孩子听话好，还是不听话好

作为家长，一般都喜欢懂事又听话的孩子，很少有人喜欢不听话的孩子。那么，到底是孩子听话好，还是不听话好呢？当然是听话的孩子要好。

可是，也不能一概而论。有一般就有特殊，就其特殊情况而言，我们就要问：作为家长，我们要求的听话本身对不对？孩子不听话的责任，是在孩子一方还是在大人一方？即使责任是在孩子一方，大人在这个过程中没有问题吗？

1. 不听话对孩子也有好处

过去往往认为，父母说话，孩子要言听计从。一旦孩子因一些事情向父母提出异议，父母就会认为自己的权威受到了挑战。但是，孩子与父母争辩也并非全是坏事，有时对他们的成长有一定好处。

（1）形成独立的人格

能为自己认为正确的事情据理力争，说明孩子能弄清是非曲直，有助于他养成实事求是、坚持真理、以理服人、平等公正的好品质。

争辩也表明孩子自我意识的觉悟，他正在尝试着走自己的路。孩子在与父母争辩后会更好地思考，自己当时的想法到底是对的还是错的，有利于他以后在处理同类事件时积累经验。

（2）让孩子更加自信

会争辩的孩子一般都勇于表达自己的观点、感受，而非人云亦云，更不是一味隐忍。在争辩中，孩子感受到自己的想法被重视、被关注，会变得自信、开朗。在争辩中，孩子会逐渐懂得应该怎样表达，才能实现自己的意志和想法。

（3）让孩子学会处理分歧和冲突

现实社会中，总是存在分歧、冲突、矛盾、差异。在争辩的过程中，孩子可以学会怎样对待这些不和谐，学着如何跟人交流意见，如何处理不同意见，而不是逃避、躲避，这也是成长过程中非常重要的一步。

（4）促进孩子语言能力的发展和智力发育

其实，争辩是一件集体力、脑力和口才于一体的事。要想表达清楚自己的观点，孩子必须根据自己对环境和对手的观察分析，选择并运用学到的词汇和表达方式，有条理地表达自己的观点，这一切都会大大刺激孩子语言能力的发展和智力发育。

（5）有利于形成良好的家庭氛围

现代社会早已不像传统社会那样禁锢人们的思想，现代家庭中各成员更应该是自由平等的。争辩有利于情感、思想的交流，使家庭成员间感到彼此重视，容易形成和谐的家庭气氛。

2. 对待不听话的孩子应该注意的问题

每个人都是一个独立的个体，都会有自己的想法、立场和想做的事情，孩子也不例外。父母要有反思和判断能力，当孩子“不听话”时，要想一想他这种不听话有没有道理，我们说的话适不适合他，然后尽力调整自己的教育方式或者建议，多从孩子的角度去考虑问题。

（1）太多的“管束”会让孩子更“不听话”

很多父母爱孩子，特别想把自己认为正确的事情教给孩子。有些时候，由于爱子心切，甚至会对孩子的意愿不管不顾，希望他们“听话”。因为害怕他们出错，担心他们不好。在潜意识里，可能是因为父母还不信任孩子的能力，也带有一些控制感，希望能驾驭孩子。

可是，如果父母对孩子的要求太多，他们就会觉得父母太唠叨，甚至会因此产生逆反心理。

(2) 打骂无法让孩子心服口服

当孩子不听话的时候，有些父母会控制不住自己的情绪，打骂孩子。在这种歇斯底里或者怒火之下，有些孩子就会屈服，父母会觉得让他长了一次教训，可是他心理上没有完全地接受。因为他很恐惧，不服不行，是被强迫地“听从”的，等到父母不在时，他又会还原到原来的状态。并且，这种发火可能一次两次有效，长期下去，孩子也会“免疫”。

如果父母太容易“暴躁”，孩子也会习得这种处理问题的方式。长大后，可能也会表现得比较暴躁，容易发火。

(3) 不要无限满足孩子的需求

为了拥有好的人际关系，大多数人都会满足对方需要。很多父母也是按照这个模式对待孩子的。但是，这个模式却是错误的。

为什么？首先，有些事情我们可以控制，有些事情我们不能控制，把精力消耗在一些你无法控制或是无能为力的事情上，并不明智。其次，我们不能企图控制自己的孩子，而且孩子肯定也不会任由我们控制。须知：教育孩子不是控制孩子。

3. 从自我做起解决孩子的不听话问题

发生冲突的时候，孩子通常都不容易接受批评，事后再进行耐心的教育，孩子就容易接受了。这也是一种教育的艺术。不要戴着有色眼镜看孩子，要把他置身于民主、自由、和谐的家庭环境中，让他勇敢地说出自己的想法，并予以有针对性地校正。

（1）父母要积极纠正自己的错误看法

并不是所有父母认为的不听话都是孩子的错。成人和孩子，社会经验不同、所处地位不同、看问题的角度不同，这就注定了成人和孩子的做事方式是不一样的。不能简单地给孩子的行为加上标签，应该仔细观察孩子的行为习惯，探寻孩子之所以会这样做的深层原因，之后对症下药，让孩子朝着健康良性的方向发展。

（2）父母要努力完善自己

看看自己是不是在孩子面前也经常做类似的事情？发脾气的时候当着孩子的面；吵架的时候当着孩子的面；对孩子的问话敷衍了事甚至无动于衷。如果你是这样的父母，就应该引起警惕了。如果不能及时完善自己在孩子心目中的形象，想要彻底改变孩子，是很困难的。

（3）父母要适时引导孩子

孩子发脾气、不听话的时候，父母硬碰硬，只能将矛盾激化。正确的做法是，尽量平息矛盾，给孩子安抚；同时，找寻合适的时机对孩子进行引导。只有当孩子心平气和、心情愉快的时候，父母的说教才能发挥作用。

频繁地对孩子进行说教，或者一件事情拿出来讲多次，只会让孩子不耐烦或者产生抵触情绪。下面是一位老师的故事，相信会给家长一些启示。

霍懋征是北师大附属第三小学的女教师，在她任教的班里，新转来一位外地女同学。在霍老师的数学课上，凡有提问，这个女生都举手，叫起来后却不会回答。

在下课后，霍老师把这个女同学叫到了办公室。当得知新来的女生是因为怕同学们瞧不起，她才会与不会都举手时，霍老师便跟女生定了一个君子协定：再有提问时，会答时举右手，不会答时举左手，这样老师就心中有数了。

如果家长具备了霍懋征老师的境界，应对孩子还会有困难吗？

建立孩子的自信

自信是一个人的潜能源源不断地得以释放的精神源泉，是人们克服困难取得成功的重要保证。执着的自信常常会产生奇迹。

1. 孩子缺乏自信有原因

孩子缺乏自信，必有其形成的原因，只有找到病根，才能药到病除。病根从哪里找呢？一般说来，孩子缺乏自信心，是源于家长对孩子过度关爱和保护，或是对孩子斥责和批评过多。家长的这两种教育方法虽然不同，其教育结果都是一样的，那就是使孩子失去了自信心。

(1) 家长的过度保护

在我们的社会生活中，“独苗苗”现象普遍存在，很多孩子都是家里的“小皇帝”“小公主”，是爸爸、妈妈、爷爷、奶奶、姥姥、姥爷的聚焦中心。加上孩子的能力本来不足，做任何事情都笨手笨脚，动作又慢，很容易产生自信心不足的心理。

孩子做事的时候，大人在一旁看着，情不自禁地发急，就会自己动起手来越俎代庖。久而久之，孩子什么也不会干，于是家里的六双手更“有理由”抢着包办代替，剥夺了孩子自己做事的一切权利。孩子没有机会学习动手做事，自信心也就没有了。

家长过度保护的另一种表现是恐吓，比如，不让孩子出家门“闯祸”，说什么“外面有大灰狼”“有坏人要把你带走”，孩子只能老老实实地待在家里。这样，孩子虽然变得听话了，可是，自信心也吓得没有了。

（2）给孩子过多的批评

许多家长对孩子的期望过高，总是把自己的孩子与别人攀比，恨不得将所有孩子的优点都集中在自己的孩子一人身上。这种脱离实际的幻想，很不现实。于是，孩子常常挨骂：“你真笨”“你怎么样样不如别人”。在这样的环境下，又怎能培养出有自信心的孩子来呢？

2. 家长从自身做起

（1）客观看待自己的孩子

了解孩子是教育孩子的前提，可是很多家长都是以自己的眼光来看待孩子，很少深入孩子的内心。有的家长对孩子失望和愤怒的原因，是不能接受孩子的现状，不能客观地看待自己的孩子。如果孩子在某一方面已经尽力了，家长就要接受这个现实，耐心地给予必要的帮助，不要把失望和愤怒挂在脸上，因为你的孩子是独一无二的，即使有人用其他优秀的孩子与你交换你也不会换的。

（2）让孩子最大限度地发挥优势

如果姚明的妈妈发现姚明作文写得不好，拼命帮他补习作文而不让他打篮球；如果刘翔的妈妈发现刘翔数学不好不准他跨栏，天天逼他做奥数；如果马琳的妈妈发现他英语不好、不准他打乒乓球，让他天天背英语单词……结果会是怎样？家长不要把主要的精力放在弥补孩子的短处上，要把主要的精力放在发展孩子的优势上。

3. 培养孩子自信的方法

为了培养孩子的自信和能力，可以从以下几方面做起。

（1）增加孩子的成功体验

培养孩子自信心的条件是让孩子不断地获得成功的体验，过多的失败体验会让孩子对自己的能力产生怀疑。

孩子通常都缺乏人生阅历和生活经验，没有经历过人生的坎坷，没有经受过生活的磨砺，缺少韧性，经受不起大的挫折。过多的失败很容易摧毁他们对生活所抱的美好希望，让他们在心里建立起失败者的自我形象。如果孩子自我形象不佳、学习困难，更要增加他们成功的体验。

家长应根据孩子发展特点和个体差异，提出适合其水平的任务和要求，确立一个适当的目标，使其经过努力能完成。比如，通过顺利地学会一件事来获得自信。

适度的成功体验往往会提高孩子的学习兴趣，帮助他们形成成功者的自我认识，从而成为其不断上进的动力源泉。因此，家长应该设法创设各种有利条件，使孩子在早期经历更多地成功体验。帮助孩子在内心建立起美好的自我形象，形成和发展他们的自信心。

另外，对于缺乏自信心的孩子，要格外关心。如果孩子胆小怯懦，就要有意识地让他们在家里或班上担任一定的工作，在完成任务的过程中逐渐变得大胆自信。

（2）帮助孩子确立合理的成功期望值

要针对孩子的实际情况，帮助他们确立适合自身发展水平的合理的成功预期，教育他们不能好高骛远、眼高手低，避免孩子因期望过高而又难以实现从而遭受心理挫折。

一方面，要教育孩子学好本领，掌握知识，为参加竞争打好基础，积极准备参加竞争；另一方面，应利用一切机会，如参加各种形式的考试、小发明、小创造等，帮助孩子与同伴竞争，发现孩子的潜质，鼓励孩子做竞争的强者，增强孩子的好胜心、必胜心，培养孩子的自信。

另外，年纪较小的孩子一般都耐心不足，急于求成，要引导他们正确对待进步过程中可能出现的“反复”现象，做好应付失败的心理准备。

（3）言传身教，帮助孩子树立自信心

孩子们一般都崇拜英雄，模仿力强，家长可以选取一些具有深刻教育意义的事例，介绍给自己的孩子，引导、帮助他们得出正确的结论，为增强其自信心提供生动的依据。

同时，要创设培养孩子自信心的环境，让孩子在潜移默化中“自信”起来。遇到事情的时候，要对孩子说一些鼓励的话，比如：“你一定能行，你肯定做得不错。”孩子自我评价通常都依赖于成人的评价，成人以肯定与坚信的态度对待孩子，他就会在幼小的心灵中意识到：别人能做到的，我也能做到。

家长是孩子效仿的榜样，在孩子面前更应该自信、乐观、有魄力、自强、不怯懦。为孩子树立良好的形象，创设良好的精神氛围，也是形成孩子自信心的方法。

（4）多表扬、鼓励，少批评、贬抑

如果不相信孩子，认为孩子“没出息”“不可救药”，并经常流露于言谈之中，势必会影响到对孩子的信心，动摇培养孩子的决心，伤害孩子的自尊心，挫伤孩子的自信心。家长要培养孩子的自信心，首先必须对孩子充满信心和希望。孩子年幼无知、天真活泼、心灵纯洁，要相信，孩子是能够培养、教育好的。

教育实践证明：那些缺乏成功体验，经常受到父母斥责的孩子往往会丧失自信心。在一般情况下，即使孩子非常聪明好学，如果经常受到各方的消极评价，久而久之也会动摇，甚至丧失自信。因此，要表扬、鼓励、肯定孩子所取得的成绩。

（5）进行挫折教育，增强孩子的自信心

要使孩子将来有所建树，不仅要让他们在人生之初体验成功，更要让他们在后来的学习生活中适度地承受挫折。人生之路绝不会一帆风顺，挫折和失败在所难免，甚至相比之下，逆境可能更多一些。对于那些只能经历成功而不能承受失败的孩子来说，仅靠几次成功建立起来的自信心，很容易被以后的失败所冲垮。

家长要创设一定的情境，使孩子“品味”失败，让他们在成功和失败的交织影响中明白一个道理：挫折和失败是人生必不可少的组成部分，可怕的不是失败，而是失败后丧失斗志；只有那些能够不断超越和战胜自我、具有不屈不挠的奋斗精神的人，才有可能取得最后的胜利。

另外，要注意把握培养孩子自信心的“度”，不要用不适当的教育方式把孩子从一个极端推到另一个极端。如果孩子由于过度自信而骄傲自满，甚至狂傲无羁，就背离了教育的宗旨。

让孩子懂得感恩与付出

如今的孩子，大多数都是独生子女，在家里“位高权重”。孩子从小到大都在扮演被爱的角色，久而久之，就会认为从家长那里得到东西是理所当然的，生活中只知道索取，不知道回报，自然不会想着去关心别人和感激他人。所以，教育孩子学会感恩与付出，是一件十分重要的事情。

生活在这个世界上，我们每时每刻都在接受着各种“恩赐”：父母的养育、师长的教诲、爱人的关爱、朋友的友善、大自然的慷慨赐予……可是，对于这些恩惠，很多人觉得都是理所当然的，没有丝毫的感恩意识。这种现象在孩子身上尤为突出。

一位归国老华侨想资助一些贫困地区的学生，于是，在有关部门的帮助下，给很多有受捐助需要的学生每人寄去一本书，随书将自己的电话号码、联系地址和邮箱等一同寄出。老华侨的家人很不理解老人的做法：为什么送一本书还要留下联系方式？

在家人的不解中，老人一直焦急地等待着什么，或是守在电话旁，或是每天几次去看门口的信箱，或是上网打开自己的邮箱。

一天，老人收到了一张节日卡片，是一位收到书的学生寄给老人的。老人高兴极了，当天就给这位同学汇出了第一笔可观的助学资金，同时毅然放弃了对那些没有反馈消息的学生的资助。家人明白了，老人是在用他特有的方式诠释“不懂得感恩的人不值得资助”的道理。

现在，很多孩子都不懂得感恩，为人父母者，不仅要教孩子勤读书、有礼貌、守秩序，也要培养孩子感恩的心。因为只有懂得感恩的人，才懂得爱，而在爱中成长的孩子一定健康快乐。因此，父母应该让孩子从知恩、懂恩开始，学会感恩、报恩。

1. 帮孩子树立感恩意识

有句话说得好：“人如果没有感恩的意识，那与禽兽有什么两样呢?”感恩是中华民族的传统美德，是一种处世哲学；也是一种责任，是一种人生境界的体现。

只有学会感恩，才能明确责任；只有学会感恩，才能体味真情；只有学会感恩，才能感受幸福，享受生活。如果孩子缺乏感恩意识，就要对其进行感恩教育，唤醒其感恩情怀，让孩子学会感恩。

> 孩子过生日时，母亲为孩子操办了一个盛大的生日派对后，孩子却不领情，埋怨母亲这里做得不好，那里做得不好。母亲觉得很伤心，问孩子："我花这么多钱和精力筹办这个生日晚会，你有没有感恩的心？"
>
> 孩子说："你办得好，当然我会感恩，可是你没有办好，我为什么要感恩？"
>
> "就算你不满意，可是我这么辛苦，你就没有一点感恩之情吗？"
>
> "我不觉得这很辛苦啊，为什么要感恩？"
>
> "这个不辛苦，可是我生你，就不值得你感恩吗？"
>
> "你们结婚生我，不是为了自己开心吗？我为什么要感恩？"
>
> 母亲语塞，哭了起来。

这是一个缺乏感恩意识的典型事例。

生活中，很多孩子都认为，接受父母给他们准备的一切是理所当然的。而很多父母都会竭尽所能地爱自己的孩子，甚至超出了他们的能力。可是，父母的付出不仅没有换来孩子的满心感激，孩子还总觉得自己不幸福。稍有不如意，就怨天尤人。

培养孩子学会感恩，不仅是一种美德的要求，更是生命的一个基本要素。只有让孩子知道了感恩，他们的内心才会充实，头脑才会理智，人生才会更幸福。从某种意义上来说，如果孩子不懂感恩，无论他的能力多么出色，都是无法成为真正意义上的强者的。因此，要想把自己的孩子培养成一个强者，就必须培养他们的感恩意识。

2. 从感谢父母开始

在人的一生中，对自己恩情最深的莫过于父母，是父母给予了我们生命，是父母辛勤地养育着我们，我们的成长凝聚着父母的心血，所以要牢记父母的恩情，感恩父母。

在日常生活中，父母要创造条件启发孩子学会用感激、感恩的心态去面对自己的付出，让孩子先从感恩父母开始，比如，让孩子知道父母为自己做事后要说“谢谢”等，通过这种小事情让孩子熟悉这种感恩的状态，最终知道如何表示自己的感恩。

那天，丽梅跟妈妈又吵架了，一气之下，她转身向外跑去。

丽梅走了很长时间，在路边遇到一个面摊，看着香喷喷热腾腾的面条，她才感觉到肚子饿了。可是，丽梅翻遍了身上的口袋，一个硬币也没有。

面摊的主人是一个和蔼的老婆婆，看到她站在那边，就问：“孩子，你是不是要吃面?”

丽梅不好意思地说：“可是，可是我忘了带钱。”

“没关系，我请你吃。”很快，老婆婆便端来一碗面和一碟小菜。

丽梅满怀感激，刚吃了几口，眼泪就掉了下来，落在碗里。

“怎么了?”老婆婆关切地问。

“我没事，我只是很感激!”她忙擦干泪水，对老婆婆说，“我们不认识，你就对我这么好。可是我妈妈呢？我跟她吵架，她竟然把我赶出来，还叫我不要回去！”

老婆婆听了，平静地说：“孩子，你怎么会这么想呢？想想看，我只不过是煮一碗面给你吃，你就这么感激我，你妈给你煮了十多年的饭，你怎么不感激她呢？你怎么还要跟她吵？”

丽梅愣住了，匆匆吃完面，丽梅开始往家里走去。当她走到家附近时，一眼便看到了疲惫不堪的母亲，正在路口四处张望。这时，她的眼泪又开始掉了下来。

很多时候，我们都会为一个陌生人的帮助而感激涕零，却忽略了父母给予我们细小琐碎而又无微不至的关怀。教孩子学会感恩，就要让孩子从感谢父母开始，要让孩子知道，即使是来自父母那最简单的衣食、最质朴的关怀，也无不倾注了父母对他们的辛劳和热爱。

3. 父母要以身作则

一个人是否有感恩之心，与他所处的环境、所受到的教育有着密切的关系。让孩子知道感恩，是每一个家长的重要责任。

父母是孩子的第一任教师，一言一行、一举一动都将对孩子产生潜移默化的影响作用。因此，父母应该常怀一颗感恩之心，尊老敬老，善待身边的人和事，无论是对领导，还是亲戚、朋友，只要他们曾经帮助过自己都应心存感激。

在家庭生活中，父母和子女间要相互尊重、关爱和体贴，既要共同承担家庭的责任和义务，又要共同分享家庭的利益。父母在日常生活中表现出来的这种态度和行为，对自己的孩子会起到耳濡目染和潜移默化的作用。只要父母以身作则，言行一致，让孩子感到榜样就在身边，感恩教育也就可以顺利地实施了。

4. 从另一个角度看待感恩

孩子的感恩，有时会藏在行动中，需要父母去发掘。要明白，对孩子的付出与收获是不可能对等的，也不要强求在短时间内看到反馈。儿童的心智、语言表达尚未发展成熟，往往会通过行为来“说话”。

从感恩的角度来说，孩子对父母的记挂，担心和帮助父母，不给父母增添麻烦，都是孩子表达感恩的方式。家长要及时发现并且给予恰到好处的鼓励，激励孩子更大的进步。

5. 不要让自己的言行为孩子埋下“不感恩”的种子

（1）不要对孩子付出太多、干预太多

对孩子的保护过多，孩子就会习惯父母的包办代替，就会认为这一切都是理所当然的。久而久之，就很难再感谢父母对他们所做的一切了。

（2）不要让孩子吃“独食”

如果孩子习惯了被给予，只知道索取，在以后的生活中就不会考虑别人的感受。一个不懂得关爱别人、关爱父母的人将来是很难成为一个有爱心的人的。

（3）不要“有求必应”，更不要“无求先应”

不要让孩子拥有的东西来得太容易，对孩子提出的要求，应先思考一下是否合理，如果不合理，就要坚决拒绝。不要无限制地满足孩子的要求，要让孩子自己去争取自己需要的东西。

（4）经常给孩子讲一讲自己的工作艰辛

父母的工作都很不容易，如果能经常告诉孩子一些自己的苦恼，那么孩子就会在体谅和感恩中渐渐长大。

(5) 给孩子“回报”的空间

当孩子想要帮助你做事情的时候，一定不要说“你把书读好就行了”。父母最大的责任不是让孩子学会读书，而是让他学习做人。

如何跟叛逆期的孩子更好地交流

大约在12岁，孩子开始步入青春期。在这段时间，他们不仅会经历巨大的生理变化，心理上和思维方式上也会产生巨大的变化，变得更冲动，更爱挑战；同时，也更消极，更抵触别人的意见。

这个阶段，对很多事情孩子都是似懂非懂，可偏偏喜欢装得什么都懂似的。他们不愿意和家长交流；学习成绩停滞不前，甚至会一落千丈；他们老是喜欢跟别人唱反调，尤其是老师和家长。如果孩子进入叛逆期，家长应该怎样来引导他？怎样才能让他顺利度过这个阶段？如何跟叛逆期的孩子更好地交流呢？

要想建立良好的沟通，首先应明白：第一，孩子和大人一样，有权利在不想说话的时候不说话。第二，不想说话的背后，可能有些纠结的情绪，不要去引爆它。第三，他“不想说话”，并不等于“拒绝我们”。第四，他现在不想说话，并不代表以后都不想说话。

其次，和叛逆期孩子沟通应该坚持以下几个原则。

1. 耐心听孩子讲话

孩子感到最累最委屈的是，父母根本不会专心听他说什么。往往刚开个头，父母就已经回了五六句，或者根本不在意他说的是什么，只想告诉他，应该怎么去做。父母要耐住性子、学会安静地听孩子说话。

2. 不要急于下判断

很多家长自认为见过世面，认为自己吃的盐比孩子吃的饭还要多，特别容易犯这个骄傲的错误；容易在还没有了解事情的全貌之前，就立刻片面地做了判断。

和孩子说话时，不要急着下断语，要给他创造交代事情全貌的机会，相信他有处理和判断问题的能力。这样做，对极度敏感的青少年来说，就是一种尊重。

3. 鼓励孩子讲真话

要告诉孩子：无论遇到什么事，一定要告诉父母，有人为你分担、为你出主意，你的不快乐便会减少一半。父母要有开放的思想和心胸，要允许孩子偶尔犯错；要理性地管教责备，不可歇斯底里地殴打怒骂；事情过去了就过去了，处罚完之后，不要动不动就翻旧账，或因此而不再相信他，要让孩子清楚地知道父母对事不对人的态度。

4. 给他“回嘴”的权利

绝大多数父母对孩子的回嘴会感到怒不可遏，因为他们觉得这挑战了父母的权威。可是要知道，孩子回嘴是有必要的，因为他有申诉的权利，而父母也有了解事件全貌的需要。

人类都有一种与生俱来的能力，这个能力可以帮助我们在面对威胁或攻击时，在恐惧心理的作用下，行使自卫和反击的能力。想想我们，不也是一样？眼睛瞪大，面孔扭曲……

5. 让孩子知道真相

要告诉孩子，事情的真相是什么；要告诉孩子，有哪些解决的方法；要告诉孩子，他是安全的；要告诉孩子，他的参与对我们而言是非常有价值的。

6. 如果沟通之门已经关上，就用请教的方法重新打开

那么，具体应该怎么做呢？

（1）了解青春期的心理特点

青春期是孩子生理和心理都发生急剧变化的阶段，家长必须对孩子的心理特点有所了解，如此才能用正确的方式引导孩子。家长可以通过看书、咨询专家、咨询老师等方式了解孩子在青春期的心理特点，有针对性地做好教育引导工作。

（2）多给孩子一些理解

青春期的孩子对父母说得最多的一句话就是："你们不懂，没必要解释。"这句话堵住了所有沟通的路。家长可以先试着了解孩子的想法："爸爸妈妈很理解你的难处，知道你很难过、很委屈，可是……"然后，再告诉他们要改变什么。这样，孩子往往更容易听进去。

（3）给孩子一些自主性

青春期，孩子开始有了自己的想法和观点，给孩子一定的空间，可以帮助他们变得独立与自信，和他们的关系也会变得融洽。比如，孩子玩电脑玩到很晚早上不能按时起床，家长就不要急着告诉他们这样不对，可以间接地问："你自己觉得怎样才可以按时起床呢？"给孩子一些机会，让他们自己想办法解决，孩子就比较愿意去落实了。

(4) 看孩子需要什么

随着孩子慢慢长大，逐渐有了自己独立的思想，会时不时地将自己的思想试探性地表露出来，如果遭到大人的忽视甚至否定，就会给内心造成一定程度的伤害，因此很多孩子都愿意把自己封闭起来，并执拗地按着自己的想法行事，在大人眼中就成了叛逆。

其实，问题的根源就在于，大人跟孩子沟通不够，不知道他们需要什么、想干什么。如果能够了解孩子的需要，并善待他们的想法，做好及时的引导，孩子必然会向你敞开心扉。

(5) 给孩子适当的空间和自由

为了对孩子多一些了解，很多家长都会偷窥孩子的隐私，比如，翻看他们的日记、用分机监听他们的电话、翻看孩子的手机短信、让孩子的老师给自己当间谍提供孩子的动向……可是，这种行为一旦被孩子知道，孩子就会有种被扒光衣服的感觉，孩子会从内心与家长敌对起来。要想了解孩子，就要给他们必要的空间和自由，尊重和相信他们。

(6) 多鼓励孩子，增加他的自信

很多孩子不是因为太自负而执拗，而是因为在一些事情上受过挫折，缺乏自信，才将自己严严实实地包裹起来。父母要对症下药，循序渐进，逐渐帮助他们树立起自信心，让他们放心大胆地去尝试。

(7) 对孩子的期望值不要太高

跟成年人比，孩子经历的事情少，思考问题单纯幼稚，理解感悟层次较低。因此，一定要耐着性子对他们，切不可见什么不顺眼就“砍”。要像园丁培育花木一样，在孩子成长的过程中对他们小修、小剪、小扶持，等到他们逐渐成熟的时候，就是成龙成凤的时候。

（8）做个可靠的倾听者

听听孩子的烦恼与想法，既可以了解他们的想法，也可以给彼此一个交流的机会。偶尔可以装个傻，明知故问一下，让孩子炫耀一下自己的小成就和特长，提高他们的自信。

让孩子摆脱不良习惯

21 世纪的今天，复杂的社会关系和现代化的生活方式给孩子带来了许多负面影响，使不少孩子身上滋生了许多不良习惯，对孩子的教育和成长造成了极大困难。

这些不良习惯甚至坏毛病包括：乱发脾气、摔摔打打、大喊大叫；说话用命令式语气，或语气过重等；不接受家长的批评指正，找各种理由或与他人比较；不叠被子、不讲卫生；在吃的和玩的方面与别人攀比、争平等；不关心家人、不谦让；吸烟、贪小便宜、说谎、懒惰、贪玩、说是非、说脏话；形成网瘾，沉迷于各种游戏……

那么，如何纠正孩子的不良行为习惯呢？我们认为，应该从以下几点做起。

1. 家长要起到表率作用

要想纠正孩子的不良习惯，固然需要正面讲道理，但是首先家长要起到一定的表率作用。如果家长的行为欠妥，教育孩子就缺乏“底气”，要想让孩子服气，就必须言传身教，“正人要先正己”“其身正不令而从之”。为此，家长要时刻为孩子树立正面的形象，对孩子起表率作用，让孩子在潜移默化中接受教育。

2. 要遵循教育规律

作家郑振铎有篇著名的文章——《唯一的听众》。文中讲述了一个男孩学琴的传奇故事：父母说他的琴声不好听，而著名的器乐教授林中却装耳聋为孩子因势利导，不断鼓励，没有一点说教，让男孩从中悟到了艺术的价值和魅力，琴德、琴艺都得到了升华。

在教育孩子的过程中，很多家长都会违反教育的基本规律：想让自己的孩子一下就将琴拉得很好。可是，只有像文章中的老教授那样遵循教育规律，循序渐进地引导孩子的一言一行，才能慢慢改掉他们身上的缺点。

如果孩子抽烟、撒谎等，就要积极寻找根源，通过沟通，疏通孩子的思想。绝不能堵，若不能因势利导反而强加压制，就会引起决堤泛滥之祸。

3. 对孩子多一点宽容与正向引导

一天，陶行知先生在校园里看到一名男生正想用砖头砸另一个同学，便上前及时制止了他，让他放学后去自己的办公室。

放学后，陶行知回到办公室。那名男生正在等他，陶行知便掏出一块糖递给他："这是奖励你的，因为你很准时，比我先到了。"

接着，又掏出第二块糖："这也是奖励你的，我不让你打人，你立刻就住手，说明你很尊重我。"男生将信将疑地接过糖。

陶行知又掏出第三颗："据了解，你是因为他欺负女生才打他的，说明你很有正义感。"

这时，那名男生已经泣不成声："校长，我错了。不管怎么说，他也是我的同学啊，我用砖头打人是不对的。"

这时，陶校长掏出第四颗糖，说："你已经认识到自己的错误，我们的谈话也该结束了。"

可以想想，此种教育方式会产生什么样的效果？陶行知先生既没有发火，也没有训人，甚至连一句批评、指责的话也没讲，就收到了理想的教育效果。

4. 赏识自己的孩子

不能当糊涂先生，要学会赏识自己的孩子。如果孩子做错了事，要多帮助和安慰他，不要一味地批评，因为他们本身就自卑、自责。

孩子每取得一点进步都要及时进行表扬、鼓励，要根据孩子的身心需要和心理状态，去赏识他们。比如，对胆小的孩子要多肯定、鼓励；对调皮、好动的孩子要适当赏识，而且要多提新要求，克服不良习惯。

5. 抓住孩子的心理

每个孩子都有一种"期望心理"：孩子爱听鼓励，而不爱听训斥。他们希望自己得到夸奖，得到成功，能与众不同，期望有机会自我表现。当他们的这种心理得到满足时，就会加倍地努力，期望获得进一步的成功。

有的家长不了解孩子的这种心理，以为管得越严，批得越狠，教育效果就越好；以为只有严肃教育才是履行教育的职责，才是一种负责任的表现。在这种高压下，孩子也许服从了，但在心理上，孩子却会产生对立情绪，甚至会破罐子破摔。如果孩子犯了错，要与孩子及时沟通。

6. 建立正确的良好的亲子关系

要改正孩子的不良习惯，家长就要放下架子，做孩子学习、生活中的忠实听众，再对他们加以辅导和引导。当孩子与你建立起友谊时再对他们进行教育，就会形成良好的亲子关系。如果家长所做的一切让亲子感受到是真心为他好，孩子就会听你的话，就会亲其长而信其教。

总之，面对孩子的种种不良行为，教育的方法应该是多变的。只有适合亲子教育心理特征的教育方法才能取得很好的教育效果。

此外，我们还想把改变孩子上网成瘾问题，单独拿出来谈一下。

所谓网瘾是指，由于对网络过度依赖而导致的一种心理异常症状。当今社会，网络成瘾的孩子越来越多，如何让孩子逐步摆脱网瘾向健康的方向发展呢？可以采用以下几种方法。

（1）和孩子平等对话

孩子上网成瘾，主要原因是家长的教育方法出了问题。在日常生活中，家长应尊重孩子的意见，不要用居高临下的态度对孩子说话；在做出有关孩子的决定时，要多引导孩子发表自己的意见，家长则以建议的形式将自己的决定告诉孩子，让他们自己做出判断。

同时，在引导孩子自我决策时，家长也应设立一个教育底线。比如，可以给孩子设立一个上网时间，但前提是他们必须完成学习任务；在管理孩子上网时，家长应结合孩子的个性和爱好，跟他们一起聊聊网上的轻松话题，将他们的兴趣引到有利于成长的网络信息上。

作为家长，要保持理性，慢慢地与孩子沟通并从各方面切入他的盲点。孩子上网成瘾是果，不是因，是由很多不良因素造成的。先问孩子为什么上网成瘾，再让他知道这是错误的。

（2）培养孩子爱好，转移兴趣点

要想让孩子感受到自己的温暖和爱心，当孩子沉迷网络后，就不应采取放任或暴怒的极端方式，而应以包容、客观的态度对待孩子。在生活中，家长可以对孩子的一些积极行为给予肯定，对孩子的不良行为进行淡化，对孩子的爱好和特长进行有意识的培养，满足他们的好奇心和求知欲，有针对性地把他们对上网的兴转移转到生活和学习中来。

（3）考虑因果关系

严格来讲，电脑游戏只是一种科技产品，至于是用它来放松身心，还是沉迷其中，都在于使用者本身。因此，对待孩子上网成瘾问题，应以预防为主，强行排斥孩子接触网络，反而会激发他们的好奇心理和逆反心理；要在有效的监管下，引导孩子正确使用网络，将他们对网络的兴趣转移到科学技术上来。

如果孩子确实已经上网成瘾，就不要急切地逼着孩子迅速扭转，应给他们一个自我觉悟和转变的时间。在这一调整过程中，家长应根据与孩子沟通的程度、孩子对家庭教育的接受程度及时进行反思。如果家长感到孩子自控力不足，或无法找到家庭教育的障碍，可以向心理咨询师、教育专家等专业人士寻求帮助，来对孩子进行指导。

（4）鼓励孩子与同龄人交流

要鼓励并设法为孩子营造出与同龄人现实交往、展现自我的交流环境，当孩子逐渐产生改变自我的想法后，便可以结合孩子的兴趣，引导他们培养出另一个兴趣点。

同时，可以让孩子参加一些夏令营、素质培养班之类的同龄人团体，让他们在无法接触网络的环境中，在老师的引导下试着与人交际，体验网络以外的同龄人群体游戏的乐趣，使孩子从虚拟的网络世界中摆脱出来。

让孩子在同学之中脱颖而出

大多数家长都有“望子成龙”“望女成凤”的美好夙愿，希望孩子能够变得优秀，能够实现远大理想，能够成就一番事业。在孩子很小的时候，家长们就为孩子勾画出完美的未来蓝图。可是，理想很丰满，现实很骨感！有时候，不得不承认，我们的孩子本来就是资质平庸、普普通通的人。那么，家长怎样做才能帮助略显普通的孩子在同龄人中脱颖而出呢？

1. 给孩子选择梦想的权利

其实，大部分孩子都有自己的梦想，可是他们没有去追求自己梦想的权利。有些家长会“自以为是”地为孩子确立远大的梦想，可是，这些所谓的梦想只不过是当初自己没有实现的。孩子不是父母的复制品，不应该成为延续父母理想的替代品，他们有权利选择自己的梦想。

只有让孩子自主地选择自己的梦想，他们才有动力去追寻梦想，去为之奋斗。否则，家长为孩子设计的一切蓝图都只是纸上谈兵，毫无意义。

2. 鼓励孩子积极探索

一个小女孩从被雨水淋透的院子里挖了一块石头，然后抱着石头跑向爸爸：“爸爸，看我挖出一块石头！”爸爸生气地看着她，说：“看你弄得浑身都是泥！”女孩的表情一下子变了，扔掉石头，缓慢地走进屋子。

每个孩子都有探索的意愿，其实，这时候爸爸应该这样说："多么漂亮的石头啊！让我们一起把它洗干净，好看得更清楚些。爸爸一会儿给你找一把小铲子和一副手套，以免把手弄得太脏，也许你还能挖到更多。"孩子身上的泥可以洗掉，而对孩子想象力的打击却是永远也抹不掉的。

3. 给孩子锻炼的机会

要想让孩子在竞争中脱颖而出，就要通过不断的锻炼让孩子逐渐成熟。可以给孩子报名参加一些体育训练，让孩子在与别人的相处、配合中，得到有益的经验。

同时，也可以鼓励孩子担任一定的职务。比如，在写作上有才能的，可以担当校报的主编；小战略家可以成为学校象棋俱乐部的主席。在得心应手的领域里工作，孩子自然会建立领袖才能的基础——信心。

4. 让孩子享受失败

普通的孩子比优秀的孩子往往会遭遇更多的失败和挫折。做父母的绝对不可以加以打击，应该多加鼓励，让孩子享受失败，努力从失败当中去找原因。

孩子遭遇到失败和挫折，本身就是对他们的自信心和尊严的一种打击，如果父母这时候还是一味地加以斥责，只会让孩子失去前进的动力，从而甘于平庸。如果父母能够引导孩子去享受失败，那么他们一定会以非常迅速的速度成长起来，最终成为一名强者。

5. 对孩子勇于"放养"

孩子的成长历程是充满变数的，研究发现，"放养式"的孩子比

“圈养式”的孩子成功的概率更大。因为他们更富有创造力和创新精神，更敢于改变自己的人生轨迹；而“圈养式”的孩子的人生道路已经被家长设定得非常清晰，是沿着父母设想的路一步步往前走。

“放养”的孩子，通常都敢于拼出属于自己的道路，他们的人生充满了无数的可能性，超越别人的机会也更多，更容易从人群之中脱颖而出，得到大众的关注。

6. 让孩子坚信自己会成功

不管孩子的梦想多么怪异，都要鼓励他们把梦想变成现实。具体到学习方面，怎样才能使自己的孩子从“中等生”的队伍里脱颖而出呢?

第一，对孩子的学习不能放任自流。孩子学习成绩老是上不去，肯定是有原因的，最好主动与老师沟通，了解孩子的学习状况，取得老师的支持和指导。

第二，帮孩子树立自信心。告诉孩子：你并不是笨，只是自身努力不够，或者学习方法有问题。可以为孩子制订一个合适的目标，在不断实现小目标的过程中，让孩子获得成功的体验，得到自我激励。

第三，注意帮孩子总结一些适合孩子的学习方法和解题规律，必要时，可以请专家针对孩子学习中的一些不足之处实施具体的帮助，消除孩子的畏难心理。

第四，帮孩子一起选择朋友，让孩子和行为习惯好、积极上进的同学做朋友。这样的朋友不仅能带动孩子学习，对孩子以后的成长也是有益的。

第五，家长不能急躁，要耐心和孩子一起找差距。还要注意孩子的心理健康，要鼓励孩子多与人沟通，鼓励孩子全面发展，让孩子快乐地成长。

其实，孩子成长的路有千万条，只要孩子尽力了，只要孩子健康、快乐、有信心，是不是尖子生不重要，重要的是让孩子学会生活。

培养孩子成为卓越领袖

卓越领袖是一门艺术，是一门怎样做人的艺术，最终决定卓越领导者能力的是个人的品质、个性和自我修炼的程度。

要想把孩子培养成卓越领袖，就要从根本上改变教育孩子的陈旧观念，与时俱进，全方位地培养自己的孩子。相信，经过科学的教育，孩子完全有可能成为未来的领袖。

1. 卓越领袖是需要修炼的

在传统文化里面，关于“领导力”有一个很好的解释：修身、齐家、治国、平天下。也就是说，领导力的基础在于每个人对自我的认知，要修身正心，内圣外王。如何才能修身正心，内圣外王？需要深入探索自我，不断修炼人生智慧。

真正的领导者，通常都可以影响别人，使别人追随自己；能使别人参与进来，跟他一起干；会鼓舞周围的人协助他朝着理想、目标迈进，会给他们成功的力量。领导能力首先是一个人的个性和洞察力，而这个最核心的东西是需要自己修炼出来的。

2. 引导孩子主动带领别人做事

所谓的领导才能指的不是挥舞手中的权力，而是授权别人去干。小小的胜利可以由一个人单枪匹马获得，但那种带来最后成功的大胜利就不可能靠单干获得了。

要取得这种胜利，必须有其他人参与。当孩子开始动员其他人一起为达到某个目的而工作时，他就跨进了领导者的行列。

3. 帮孩子确定一个明确的目标

社会上，有成就的人都是目标很明确的人。许多人一生无所事事，碌碌无为，就是因为目标涣散，找不准自己的人生定位，错过了时光。孩子有什么样的目标，就会成就什么样的人生，因此要想培养孩子的领导才能，首先就要帮他们制订一个明确的目标。

4. 鼓励孩子多问几个“为什么”

男孩想爬上滑梯，可是由于他的腿太短，第一个台阶又太高，怎么也爬不上去。于是，他跑去请求妈妈帮助。妈妈没有鼓励孩子继续向上爬，而是问：“想想看，怎么才能上去呢?”

男孩想了一会儿，说：“把我的小车拉到滑梯跟前，然后我站在小车上，行吗?”妈妈说：“去试一试。”孩子这样做了，接下来的事情就容易了。

“可能性思考”是领导才能的一种标志。只有善于探究问题并示范给其他人如何解决问题，才能把集体引向成功。因此，家长要鼓励孩子多问几个“我这样做可以吗”“我把小车拉过去站在上面，行吗”这样的问题。

5. 引导孩子拥有梦想

不管孩子拥有怎样的梦想，都要暂时相信孩子能实现这个梦想。在不断接受鼓励的过程中，孩子就会被成长的好运气包围。有了梦想，他们就会对这个梦想有一个具体的勾画。孩子拥有了梦想，就要引导他们相信这个梦想能实现，进而赋予孩子进行自我开发的“动机”。

6. 让孩子独自旅行

一个人独自出去旅行是对孩子的一次全方位的历练。一次简单的旅行，不仅会让孩子欣赏到外面的风景，品尝到外面的美食，放松一下心情，还可以提高孩子的自立能力、应急能力等各方面能力。

当孩子独自到一个人生地不熟的地方时，就需要努力和不同的人打交道，需要为自己规划行程安排、吃住等一切细琐的事情，这些都有利于锻炼他们在社会上立足的本领。

第四章

解码夫妻幸福

钱钟书说：“婚姻是一座围城。城外的人想进去，城里的人想出来。”生活是一门艺术，要想学好这门艺术，就要时不时地研究对方的心理，琢磨如何让日子过得更完美。只有这样，婚姻才会紧固、厚实。

的确，所有成功的婚姻都相似，所有不幸的家庭都不同。幸福的家庭，夫妻情感靠什么支撑？无非是亲昵的言行、浪漫的情怀、幽默的言语、不泯的童心、温馨的情话、及时的沟通、永恒的欣赏、适度的空间、较高的性商。

幸福完全是一种内心的体验，虽然有具体的指标可供参考衡量，但幸福却不能与这些指标画等号。因为现实生活中，有很多婚姻虽然满足了以上各种外人看来幸福的标准，但仍然没有看到真正的幸福。

其实，静下心来想一想，每个人、每对夫妻、每段婚姻、每个家庭都有各自的幸福。幸福并没有太多的条件，幸福不是一定要等满足了你想要达到的条件或标准后才叫幸福。比如，有的夫妻说，如果有了房子、有了车子，就会幸福。其实，如果他们这样想，即使将来真的有房有车了，也不见得会幸福。幸福一旦建立在某种条件下，必然永远不会真正幸福，即使有，也只是表面的或是一时的。

真正的幸福只能源自内心深处的感觉，虽然不能完全脱离某些条件而存在，但却是相对独立的存在。所以，需要夫妻双方齐心协力，充满智慧地去经营。

女人怎样才能永远充满魅力

在聂华苓与保罗的三生三世爱情中，保罗曾对聂华苓说过这样一句话：你的头脑很性感，身体很聪明。我很喜欢这句话。近来，我也经常在想这样一个问题：中国女性的魅力在哪儿？

1. 当今中国女人魅力缺失在哪儿

概括起来，当今中国女性，尤其是年轻些的女性有以下几大缺点。

（1）过于现实和物质化

如今的女孩，似乎都已经物质化了，对高标准的物质享受几乎没有极限，结果男人为了娶妻而努力奋斗。可是，即使男人拼搏奋斗，成功者总是少数。有些女人通过傍富男来谋求高标准的物质生活。可是，物质真有这么重要吗？没有感情的婚姻，即使拥有豪宅大屋、宝马香车，心里也会感到空虚。

（2）精神上不独立

很多中国女人以为自己很独立，因为每个人都有一份工作。可是，一旦老公提出离婚，就会一哭二闹三上吊，继续留在婚姻里，甚至不惜忍受冷暴力。

女人之所以会赖在一个已经死亡的婚姻里，主要是因为大多数女人对于男人有着极高的精神依附，没有真正从精神上独立，惧怕离婚后的生活，所以她们会依靠在一个有成就的男人身上，不惜委曲求全，牺牲自己的尊严和幸福。

(3) 不体贴，缺少女人味

中国女人的形象曾经是东方女性的代表与典范，可是从妇女被认为是“半边天”开始，加上独生子女政策的实施，很多女孩成了父母的掌上明珠；再加上，很多女孩家庭条件优越，因而就养成了自私、刁蛮、任性等性格，女性的柔美、温和、勤劳等性格特质荡然无存；结婚后，也会和男人争半边天，结果不仅要争得半边天，甚至还一手遮天。

(4) 缺乏智商和见识

出嫁之前，父母或男友是她的主人，为她安排一切，为她做任何事情。她很乐意、很享受这样的安排和宠爱。对于道德问题，有些女人完全没有概念，老公即使是腐败的官员，只要能让她过上好日子，只要能给她充足的物质，就会趾高气扬、不可一世。

(5) 脾气大，口无遮拦

有些女人认为，自己向老公要求任何东西都是合理的：我嫁给你就是要你养我，你不能养我，当然就是你的问题，就是你无能。我就是有绝对的权利发脾气，而且你不能有任何异议。锦衣华服、宝马香车、浪漫情调……都是你必须给我的，差了一点，我都有权利指责你，都有权利骂你、鄙视你。这种思维，使得中国女人脾气很大。而且，她们还会使用挖苦、冷漠、讽刺等方式，完全摧毁男人的自信心和自尊心。

2. 女人怎样才能拥有魅力

那么，女人怎样才能拥有魅力，而且永远充满魅力呢？

有的女性朋友在潜意识中都会认为魅力是天生的，比如，美丽的眼睛、迷人的形体……其实，美丽是构成魅力的一个部分，但美丽不等于魅力。魅力是需要后天努力挖掘和培植的。

具体说来，女人的魅力有三重境界：第一重在外表，显而易见；第二重在动作和声音，略一接触便可得出判断；第三重只有与她进行进一步接触才能体会到。当他人觉得一个女人不仅外表可人、身心健康，而且还有才华、充满阳光时，女人也就拥有了三重境界。

为了帮助女性朋友提升个人魅力，下面提供一些方法。

（1）提高品位

生活在一个整体审美意识高的环境，你自然就会提高品位。但不要靠买衣服来提高品位，要去自然中陶冶和从艺术中提取。大自然是人类审美的源泉，很多艺术家的作品灵感就来自自然。比如，欣赏美丽的画和优秀的建筑物，学习布置家居，爱美食但不做吃货等。

（2）塑造良好性格

性格在女人魅力的塑造中占有很大比重，而且性格也会影响外貌。开朗的女人周围，不仅会充满阳光，也会聚集更多的人气，比消极悲观的人有魅力。

嫉妒人的女人看东西时失真，会失去正确的判断。爱说话是女人的天性，到处都缺不了叽叽喳喳的女人。可是，有魅力的女人往往会少说话，多倾听。倾听是对别人的尊重和关心。她们不会议论别人的长短是非，只在需要的时候发表有价值的意见。

（3）拓展自己的心胸

不幸福的女人总是纠结过去，不能自拔。

有魅力的女人不会总宅在家里，而是通过旅行增长见闻，开阔视野，通过与人交流理解和接纳别人的不同。

有魅力的女人不会轻易动摇自己的主见。她们知道如何与周围的人和谐相处，肯与别人分担重任，当一个人应付不过来的时候也会谦虚地去寻求周围人的帮助；她们能够原谅别人的错误，失败了也能够再重新爬起来。

（4）调整好自己的心态

快乐的秘密不在于获得更多，而是珍惜所拥有的一切。一定要真心地喜欢自己。具有这样的心境的女人，对生活、环境、周围的人，会自然流露出喜悦之情，感动自己，影响他人。

心情可以长久地影响女人的容貌，为了做好保养，很多女人花了很多钱，买高档化妆品、做美容，其实调整心情才是女人最珍贵的滋养品。

（5）培养独立的人格

一个有思想的女人，至少可以有自己的事业和人生价值，不用一味地依附男人。只有在社会上和压力中学到应有的知识，才能让自己磨炼得越来越成熟，越来越有韵味。

有思想的女人不会为金钱和男人吵得你死我活，她们明白自己要的是什么，不会一味地追逐名利和金钱。

作为女人，还要有自我保护意识，学会保护自己，学会爱自己，自尊自爱，方可赢得男人的爱和尊重。

（6）让自己有女人味

有的女人虽然并不年轻美貌，但似乎总容易赢得男人的喜爱。其实，真正长久吸引男人的并不是美貌和性感的身段，而是修养、气质、智慧和女人味。有吸引力的女人，会强烈地散发出一种独有的味道，即“女人味”。

女人总想了解男人，其实在爱情里，让男人来了解女人更加重要。关键是，你不能喋喋不休地向他灌输，而要勾起他的好奇心，让他自己有兴趣来了解你，男人永远对有故事的女人充满好奇。

女人不会被时间打败，而是被自己。那些人过中年却依然光彩照人的女人，秘诀就是她们不会在某一个男人身上坚持，而是在自己身上坚持，坚持走自己的路。

(7) 尊重和鼓励男人

男人好强，可是也有非常强的自尊心，这种自尊心的满足不仅源于男人本身，还在于背后的女人对男人的信任、肯定和激励。聪明的女人会想尽一切办法去激励男人，不会拿男人的短处去和其他男人的长处相比较，时间长了，男人的心就被女人给拴住了。

千万不要一天到晚询问男人的去向，这种不信任只会让男人厌烦，要给男人更多的自由，让他干自己的事情，闯出属于他自己的一片天地。

成为女人心目中的“男神”

每个女人心里都有一个爱情“模板”，希望陪伴自己的人是那个样子的。然而，最终和自己相守到老的也许和当初的“模板”大相径庭。但是，有 6 种男人几乎是所有女生心目中的“模板”——男神。

1. 男神标准

(1) 有主张的男人

这种男人不管做什么事情都有自己的主张和想法，并不会去依靠朋友和父母，当遇到挫折的时候，会想办法自己去解决，绝不会赖在那里等别人来替他解决。女人之所以喜欢这样的男人，是因为在今后的生活中自己能够小鸟依人，不管发生什么事情都由男人来解决。

(2) 拥有自信的男人

很多女人都说，认真做事的男人最迷人。自信是一个男人最重要的品质，自信的男人总是能够感染别人，无论这些人是朋友还是敌人。自信的男人可以战胜一切困难，要使别人对你有信心，就必须要先对自己充满信心。

（3）光明磊落的男人

任何人都不喜欢阴险狡诈的人，跟这样的人交往，总是怕被骗。女人也一样！一旦女人喜欢上了一个男人，就会希望这个男人真心真意地爱自己。虽然有时候也需要一些甜言蜜语，可是她绝对不希望自己的男人用谎言来欺骗自己。一旦发现被自己的男人欺骗了，女人一定会大发雷霆，最后导致感情破裂。

（4）成熟稳重的男人

成熟的男人总能给女人好感，让女人觉得：这样的男人值得依靠、不会玩弄感情，这样的男人不管是做事，还是做人，都表现得很让人信赖。女人看中男人的这份成熟。

（5）大气的男人

有些男人很小气，和别人交往总是斤斤计较，比如，在男女谈恋爱阶段，如果男人舍不得花钱去讨好自己的女朋友，这样的感情会有结果吗？虽然不是说男人和女人在一起，男人必须花钱，可是如果恋爱阶段，总是让女人花钱，这样的男人要来何用？女人喜欢大气男人的另一个原因，就是希望男人在今后的生活中事事让着她，不让她受委屈。

（6）不赌不嫖的男人

有时候，赌博真的能毁了一个家。如果女人喜欢上了一个好赌的男人，家庭也绝不会长久，迟早有一天会被男人输得家破人亡。

当然，除了赌博，还有嫖。男人都是好色的，尤其是那些有钱的男人。如果整天混在外面不回家，和那些小姐打情骂俏，让自己的女人在家里独守空房，只会伤透女人的心。

2. 培养魅力

那么，如何培养男神的魅力呢？这里有7个好方法。

(1) 珍惜当下

现实中，每个人都忙于应付各种人际关系和各类烦琐事务，如果某个男人能够放下电话、关掉电视、合上电脑，单纯陪女人享受此时此刻，真是太有风度了！随时保持联络并获取各类信息纵然很有必要，但如果能暂时屏蔽网络或球赛，岂不是更难能可贵！

(2) 清楚自己的目标

世界上，很多人都觉得自己应该遵循教诲、努力成为“强大的男人”，但真正身体力行去做的，却寥寥无几。如果男人能勇往直前追求自己的目标，魅力也会无穷大。

(3) 积极上进

男人应该努力争取自己渴望的东西。女人通常都认为，有雄心壮志的男人很有魅力。这里的壮志不是说，你可以撂倒他人强大自我，而是说你能够通过努力工作来得到自己渴望的东西，同时还能向他人伸出援助之手。

(4) 诚实并值得信任

信任是维系婚恋关系的关键所在。所以，男人必须把自己打造成值得女人信赖的人。彼此相信的人在一起，关系会非常好。因为相互信任，紧张和负面情绪自然会少一些。

(5) 有幽默感

女人喜欢能让自己身心愉悦、开怀大笑的男人，也真心欣赏那些不仅逗人开心也自得其乐的男人。如果男人整天板着一张脸，生活也会无趣很多。

(6) 能照顾好自己

如果一个男人能够照顾好自己，那么他就很有魅力。当然，这不是要求男人每天坚持举哑铃练肌肉，而是知道如何健康饮食并照顾好自己。

(7) 支持女人的梦想

当男人100%为女人加油鼓劲时，不管怎样，这都代表了他有多么在乎和相信对方。

难关是提升婚姻价值的良机

结婚的时候，大家都怀着什么样的心态呢？

“这个人有多少钱？”

“学历如何？”

“地位高不高？”

“外貌怎么样？”

通常，人们都是像这样反复思量，然后做出选择。我有所欠缺，所以我需要对方，这样就形成了某种依赖心理。问题在于，对方恐怕也是如此。可是，一旦开始了真正的婚姻生活，彼此的期待瓦解后，问题和矛盾就会出现。

众所周知，幸福是不会随着婚姻的到来而自行到来的。幸福甚至与婚姻无关。人只有在独自生活不感到孤独，共同生活也不觉得麻烦的时候，才可以结婚。

在婚姻关系里，得到幸福的唯一办法就是两个人都完善自己，彼此适应。僧人念经打坐是修行，而夫妻俩从不适应到逐渐适应对方，这也是修行。而且，越是遇到难关的时候，越是修行自己、提升婚姻价值的良机。既然你已经决定要过婚姻生活，就应该让婚姻变成你生命中一件特别的事，让婚姻生活更有利益、更有效益。

曾经看到这样一句话，“如果知道了你和我都不是固定的实体，而是当下活生生的动态经验，会在每一个崭新的时刻鲜活地绽放出来，那么，我们就能温柔地做我们自己，也让他人做他们自己”。这句话告诉我们，我们永远处在变化之中，不会是一个一成不变的实体。

可是，对一个受过各种教育、被灌输了各种价值观和世俗标准的人来说，要做到这样实在太难了。带着这些刻板的观念看待这个世界的时候，我们和所有的事物之间就会隔着一层观念做成的三棱镜。我们以为我们看到的是一个真实客观的世界，其实看到的只不过是通过这些观念而折射出的主观世界。

带着这样的方式看待婚姻，就会得出很多错误的结论和判断。比如，抱着一个观念：“他爱上别人了，那他一定不可能再爱我了。”于是，无论配偶如何关心你，你都很难全心全意地去感受那份鲜活的爱，只会不断地去判断和质疑。

要想能真正爱一个人，享受那份爱，就要把自己和他人都当成一朵浪花。接纳和允许一切的发生，享受此时此刻。如果他回到家只想看电脑和手机，那就给他一个安静的空间，让他去放松一下。而女人则可以利用这个时间陪孩子玩游戏或给孩子讲故事，或自己看看书、看看电影，享受自己独处的时间。

如果妻子认为这个世界是很可怕的，很多未知的东西都会来伤害自己，就会设立很多规则来保护自己。比如，小时候，父母没有关注和爱护她，她对自己和他人都缺乏足够的信心，走入婚姻时就会无意识地制定这样的规则：我要经常知道他在哪里，我回到家后他要赶紧回来，他的手机要随时允许我查看等。

这些规则必然会给夫妻之间带来大量的冲突，对方在忍无可忍的情况下，要么反抗，要么逃离。更糟糕的是，为了释放内心的焦虑，寻求理解和认同，甚至会发生婚外恋。

当冲突出现的时候，很多人只是单纯地认为是自己的婚姻出了问题，试图在婚姻层面解决这些问题。可是，越解决，问题越大，即使去交流，甚至争吵，对方也未必愿意改变，关系反倒越来越糟糕和疏远。

决定婚姻状态的是我们的爱情观和婚姻观，而它们又是由我们的人生观和世界观来决定的。不从人生观和世界观去改变，婚姻问题是永远无法解决的。执拗地固守着自己的婚姻观和人生观的人，婚姻中会一再重复地出现相同的问题。

问题是由不合理的观念和规则制造出来的，观念不变，问题就会不断出现。而一旦跳出了问题层面，能够站在一个更高更全局的视角去看待婚姻、人生和世界，就会发现，问题原本就不存在。要放弃任何形式的掌控，不要用自己以前的观念和规则去掌控你的配偶和婚姻，要允许一些事情的发生，接纳它们。那时，它们必然无法再伤害到你。

为什么婚前幸福、婚后痛苦

俗话说得好，“情人眼里出西施”。喜欢一个人时，他（她）的身影、他（她）的笑容、他（她）的声音，以及所有的一切，都是美好的，会想把它们占为己有。即使以前不喜欢的东西在他（她）身上有时，你都会变得很宽容。他（她）的一切你会全盘接受，而且还会为他（她）的缺点找借口。他（她）不在身边时，总感觉心里缺少了什么，空荡荡的，做什么都没劲。

喜欢一个人时，总是很心疼他（她），想照顾他（她），给他（她）带来快乐，给他（她）幸福；总想为他（她）做好一切，让他（她）知道有爱的呵护。为他（她）付出不求回报，无怨无悔；只要他（她）过得好，你宁愿承受再大的委屈。

喜欢一个人时，他（她）的影子总出现在你的脑中；在闲时，哪怕是一点时间，你都会想起他（她）；看到一篇文章，听到一首歌，你都会想到他（她）。书里写到的是他（她），而歌里唱的也是他(她）……这就是结婚前的感受。

结婚后，有的夫妻会感到很痛苦。《安娜·卡列尼娜》的作者托尔斯泰说过一句话："所有幸福的家庭都十分相似；而每个不幸的家庭各有各的不幸。"不幸的婚姻故事千奇百怪，但对于善于经营婚姻的人士来说，幸福的婚姻都有着共同的模式。许多女性之所以会在结完婚后感到错愕，其原因就在于，经营婚姻所需要的智慧并不是从学校或社会经验中习得的。

1. 婚姻需要双方的共同努力

从相爱到结婚，事情很简单。爱是一种本能，与相爱的人一起生活也是本能。顺从本能做事并不是一件困难的事，虽然恋爱时可能会经历一些困难与障碍，但和婚后需要克服的事情比较起来，根本不值得一提。婚后，就是与本能之间的战斗了。

结婚后，不管说几次，老公就是不把袜子翻过来洗，还得压抑朝他后脑勺打下去的冲动；累得连一根手指头都不想动时，必须压抑住叫外卖来吃的欲望，淘米做饭；回婆家过节时，更要压抑想不顾一切逃走的本能……让你压抑本能，直到这些事情都变成本能的过程，就是婚姻。

婚姻生活过得好，需要修行，并非妻子多撒娇就能过下去。由此可见，婚姻是一件需要努力的事情。当然，如果你换个想法，在婚姻中努力多少，就能获得多少幸福。换句话说，只要你的另一半不是有问题的人，你所付出的努力，都将变成幸福回馈到自己身上。

2. 为自己戴上一个面具

跟职场一样，婚姻生活中也会遇到许多让人很郁闷的事情。可是，一想到工作关乎生计，大多数人都会选择忍耐；一旦回到家里，就不同了。在进入这间名为“家庭”的公司时，不用考虑到离职或退休，因此更应该有耐心地对待配偶。

每个人都有缺点，在心里都要做好一定的准备，只要对方不超过某个限度，都可以原谅。可是，当你亲眼看到对方最令你厌恶的一面时，就不会像自己所想的那般宽容，即使再努力，也无法再找回对他的爱。

婚姻生活中，不存在需要你拿失去爱情去换的坦白与真实。因此，婚姻中有几个话题绝对不应该提到。其中，最具代表性的就是婆家的坏话。不管你在婆家遭受怎样不合理的待遇，在老公面前都不应该说他家人的坏话，那是在践踏他的自尊，比自己被骂还难以忍受。辱骂他的家人，等于在侮辱他。所以，聪明女人在遇到这种事情的时候，通常都不会直接与婆家起冲突，而会巧妙地煽动老公，让老公说出不满，再装作要阻止老公的样子。

大部分男人或女人，都会对自己的另一半充满幻想，比如，“老公是个有责任感的男人”“妻子是个充满母爱、温柔又多情的女人”“老公是个非常有能力的男人”“妻子是个纤细敏感的女人”……正是因为有这样的幻想，才能一直维持对配偶的爱与紧张感。因此，不管在任何状况下，都不能把本性完全地显露出来。如果你不小心失误，也要在最短的时间内重新打起精神，掩饰自己最凶恶的本性，赶紧戴上面具。

戴着面具并且一生都不摘下，与说谎不同，比较接近“装”。在皮肤下，有着血管、肌肉，但我们都不愿意看到一张爬满血管与肌肉的脸庞。戴上面具，就可以盖住那些明明存在却不想直接看到的东西。

3. 处理好男人、女人、婆婆之间的关系

结婚以后，比起从火星来的老公，同样身为女人的婆婆会让你更难以理解、难以难受。如果你把婆婆当作是从金星来的女人，就种下了不合的因子。婆婆不属于男人或女人这个范畴，必须把她看作是从木星来的另一种生物，从不同的角度去理解。

从婆婆的角度看，世界是以儿子为中心运转的。她们所有的道德观和善恶观，都是以儿子为中心的。由于这样的立场太过坚定，因此无法站在他人的立场去思考。再仁慈的婆婆，在这一点上都是一样的！比如，不论儿子的条件有多不好，婆婆依然会觉得，结婚是一桩赔钱生意。失业的儿子与能力强的女性结婚，她们不会感恩媳妇愿意与无能的儿子结婚，反而会觉得“她会赚点钱就气焰嚣张，压过我儿子”。婚后，儿子即使有外遇，她也不会替媳妇感到难过，反而会认为是媳妇的失职。婆婆之间的差别，只在于有没有修养，会不会直接表达出来罢了。

4. 如果没准备好，先别生孩子

孩子非常可爱，自然不用人多说。但养育孩子并不会因为他可爱，就变得简单。孩子越可爱，越可能让你更郁闷、更伤心。为了保证孩子的人生质量，在你没做好成为父母的准备之前，可以先不要生孩子。

我们与父母那个时代不同。如果你已经做好充分的准备，而且非常想要孩子，即使是再困难，你也能深呼吸咬牙战胜困难；如果在彼此还没有适应对方的状态下有了孩子，很容易导致夫妻感情不睦。

5. 提前做好准备，幸福会更稳固

为了婚姻家庭的幸福，还要做好 4 个方面的准备，以让幸福更稳固。

（1）磨合期是必经之路

婚姻是不断挑战自己、不断和自己和解的过程。磨合期是婚姻的排毒期，经历彼此的发泄之后，之后的生活也会变得和睦许多。在磨合期，重点是要有一个好心态。要端正心态，正视婚姻磨合期，给对方充足的缓冲空间。

（2）婚姻是需要付出的

过于理想的心态往往很难经营稳定的婚姻，为了避免婚后遇到的各种棘手问题，婚前就要认清付出的重要性。婚姻里没有单方面的付出，只有付出多少的问题，而这种纠结，不应出现在婚姻里，我们只在乎这段感情能够走多远。

（3）包容是婚姻的必需品

西瓜吃到最后，甜味会渐渐变淡，感情也是一样。待岁月打磨掉婚姻的激情之后，剩下的每一天，都离不开包容。你们不是每天卿卿我我就可以过一天的小情侣，需要对方更多的理解和包容。

（4）接受对方的生活方式

不论对方的国籍是什么、生活方式多么奇怪，都是最真实的他。如果确实爱他，就要学着接受他，包括他的生活方式。伴随一个人二三十年的生活习惯不是一天就能改掉的。

（5）学会交流

交流不是唠叨，好过夫妻间的沉默。沉默，可以是妥协，也可以是蔑视，但足以轻易毁灭你们的感情。除非你有勇气面对僵尸般的婚姻。否则，就不要吝啬语言。

让婚姻持续保持快乐感、幸福感

生活中，很多人都会发出这样的疑问：婚姻怎么才能够更加幸福？如今，不幸的婚姻已经太多，很多人都希望自己的婚姻能够更加幸福。那么，怎样才能让自己的婚姻保持快乐感、幸福感呢？如果两个人都用心浇灌爱情之花，它就能够长成一棵参天大树，不仅让自己得到快乐和幸福，也可以把幸福的绿荫带给周围的人。

幸福感可以量化吗？美国乔治·梅森大学临床心理学家提出了一个“幸福感计算公式”，可以算出你是否幸福。他认为，活在当下、有好奇心、做喜欢的事、把他人的利益放在首位、良好的人际关系和身体健康，这6个要素能决定是否幸福。他给每个要素分配了不同的权重，其中，好奇心最重要，做自己喜欢的事情与良好的人际关系次之。

好奇心能让我们保持对生活的热情和新鲜感，使我们不断学习、提升自己。比如，走一条新路回家、尝试一个新菜、读一本新书、与家人谈一个新话题……就会获得无穷的收获。

做喜欢的事能让我们感到有意义感和喜悦。如果某件事对你有意义，做起来快乐，就去做吧。

良好的人际关系是幸福感和社会支持的来源。每天为家人、朋友、同事留一些时间，为他们做点事情，用自己的方式表达关心和爱。

在家庭中，要想提高婚姻幸福感，就要善于经营婚姻，同时也应该多和爱人沟通交流，只有这样，才能够让自己拥有一个幸福的婚姻，同时也有利于自己的心理健康。

1. 婚姻最佳清单

美国婚姻问题专家休·康佩尔列出了一份清单，对如何使婚姻生活保持最佳状态提出了一些有益建议。

（1）日常保养

婚姻的和谐在于日常润滑，时常帮对方做一件哪怕很微小的事，都会让对方感受到你的爱意。比如，在对方起床前几分钟，自己起来准备早餐；挤牙膏时，帮对方挤好；把“辛苦了”当成你的口头禅，当妻子已经准备好丰盛的晚餐，或丈夫风尘仆仆地下班时，记得把它说出来。

（2）每周养护

每周，两人至少安排1次不少于2小时的交谈，促进彼此的沟通。比如，可以一起出去吃饭，一起看电影或看戏，手拉手一起步行到某处，或做其他两人都感兴趣的一些事。

（3）每月维护

给对方一个意外惊喜，做一些与以往不同的事，能使对方体验到新的感受，使爱意重新迸发。比如，如果平时是女人洗碗，某天男人可以争着去洗；如果总是由男人做晚饭，女人则可以抽出时间显露一下自己身手。

（4）暂时的离别

暂时的离别，会使对方更思念自己。你可以在一个月中，找个周末和好朋友见见面、聊聊天，让妻子去看望父母家人或闺中密友，也许晚上回家就会有惊喜地发现。

(5) 年度大修

年终时，人们一般都会做工作上的年终总结，但大部分人恐怕都没做过家庭生活的年终总结。这时候，你可以和妻子一起，把往日的情书再读一遍，使爱火重燃；然后，再写一封新的情书，坦诚大胆地表露爱意，并提出今后的浪漫计划，然后寄出去。

(6) 尊重对方

对含蓄的中国人来说，面子是非常重要的，尤其在人前。因此，千万不要在外人面前批评你的伴侣，即使对方说了不够恰当的话。另外，凡事都要认真聆听对方的意见，哪怕只是去超市买一个盘子。尤其是子女教育问题，双方意见要尽量保持一致。

(7) 彼此欣赏

欣赏对方，包括对方的缺点。不要企图让婚姻或是自己的爱改变对方，只有学会接受并欣赏，才能让夫妻关系更融洽。

(8) 冰释前嫌

“今日事，今日毕”这句话，不仅能用在学习、工作上，也是解决家庭矛盾的妙招。两人生活中一旦出现矛盾，尽量在最短的时间内解决，否则会加深裂痕。

2. 要养成好习惯

对于女人而言，还应该养成4个好习惯，以作为幸福婚姻的基础，具体如下。

(1) 不作无端猜疑

丈夫昨天很晚回家，你觉得他是不是跟哪个女人鬼混去了？

说到他的某个女同事，他目光躲闪，你觉得他俩是不是有什么猫腻？

上个月他的工资没上交，他是不是设了小金库？

……

如果一个女人总是自寻烦恼，难过、受伤的也只能是自己。

（2）回忆一下愉悦的事情

愉快和不愉快的回忆，永远都存在于每一段感情中。心里经常装着不愉快的人，生活也会变得不愉快起来；反之，如果能在吵架的时候想想他的好，想想他在下雪天给你暖脚的温柔，想想他求婚时的表情，你们的感情反而会螺旋式地上升。

（3）偶尔视男人为孩子

很多时候，男人的内心都只是个孩子，妻子一定要懂得换位思考。现代社会生活压力这么大，如果他下班回家歪在沙发上睡着了，星期天早晨死活不肯起来吃早餐，这时候就可以将其看作是一个无助而疲惫的孩子，给他一些宠溺和纵容，会让男人更加忠实地待在你身边。

（4）时常反省自己

经常反省可以让你知道自己的不足之处，让两个人的关系更加紧密，这样的婚姻才能够长久地维持下去。比如，吵架时，你说的那些话是不是太伤人了，去给他道个歉吧；明明知道他近来业务状况不佳，还吵着让他给你买这买那，多鼓励鼓励他吧。

（5）不要把婚姻寄托在爱情身上

再执着的爱情，生命力也超不过七年。在合适的时间，有个适合的人，这样就足够了。促使婚姻持久的不是爱情，而是亲情，爱情必须转化为亲情才能持久。

男人和女人的三大核心需求

对于一个人来说，人生的三大核心需求指的是物质需求、精神需求和性需求。而作为组成家庭的男人和女人来讲，就要围绕这三者来精心经营。

经营家庭，经营感情，最关键的是什么？把握对方的核心需求。一个男人和一个女人在一起生活，如果不知道对方的核心需求是什么，自然无法把感情经营好。就像合作一样，你都不知道合作伙伴要什么、需求什么，能合作好吗？

1. 男人的三大核心需求

(1) 被崇拜

只要是一个正常的男人，他最大的需求就是被崇拜。尤其是喜欢被身边的女人崇拜。女人认可他、佩服他、崇拜他，他就最有成就感。可是，不少女人都不太了解这一条。在很多场合，尤其在公开场合，势头都要压过老公。只要在公开场合，女人的风头比老公一盛，老公就会感觉没面子。所以，女人要改变这种状态。

①越在公开场合，越要给老公面子。越在公开场合，越要抬他，越要给他面子。一给老公面子，老公就会说："我买别墅给你住！"不给老公面子，老公就会说："住 15 平方米就可以了。"所以，优秀的男人都是被背后的那个女人给激励出来的。

②发自内心地看到他的优势。两个人结婚成家了，女人说男人行，男人就会努力，会上进，有追求，结果就买了轿车。女人说男人不行，

男人就没心情努力，没心情上进，没心情追求了，结果就骑自行车。不管是骑自行车还是坐轿车，旁边坐的都是你。是什么决定了你们的座驾呢？女人的态度！身边这个男人，你认可他，他就很努力；你不认可他，他就不努力，最后只能跟他一起受穷。

③给他做决策的空间。大部分男人都想成为家中甚至整个家族的支柱与骄傲，结果你很努力，让全家族都佩服你，那就完了。把你的功劳多让给老公一些，他就会感到很兴奋："你看，今天我之所以会取得如此的成功，就是因为我娶对了太太，你们有本事娶到这么优秀的女人吗?"

（2）温柔

任何一个男人，都希望身边的女人很温柔。温柔是一种情绪，是一种情感，是一种方式。这里有三种技巧，可以塑造女人的温柔：肢体动作要温柔、声音要温柔、眼神要温柔。

（3）支持、认可、理解

这是男人内心非常核心的需求。男人的所有事情都需要女人的理解和支持，但最需要你理解、支持的，就是他的追求、他的梦想。你不理解他的辛苦无所谓，但需要你理解他喜欢这个事情，愿意支持他。

2. 女人的三大核心需求

（1）安全感

女人最大的需求，不是被爱，不是呵护，而是安全感，包括爱的安全感、生活的安全感、经济条件的安全感。因为在女人内心深处，独立生存的能力都比较弱。要想给女人安全感，就要重视三个部分，即经济基础、情感唯一、身体健康。

①经济基础。为什么很多女士都喜欢找有钱的男人，找买得起别墅

的男人，原因就在于此。在古时战乱年代，女士就喜欢找侠客、找武士，因为可以保护自己；在古时和平年代，女士就喜欢找大官，因为可以保护自己。在市场经济时代，大部分女人喜欢找什么样的男人？有钱的。

很多男人说，现在很多女人不是先找情感，而是先找有钱的，这样才觉得安稳，这是正常现象。人内心深处最大的本能，是需要安全感。毕竟先活命最重要，然后才可能谈浪漫。如果经济基础不够好，自然无法浪漫起来。

②情感唯一。爱情是自私的，正如萧伯纳所说，爱情不是慈善事业，不能慷慨施舍。如果爱情不自私，那就不叫爱情，而是一种滥情的博爱。真正的爱情是专一的、狭小的，狭小到只能容下两个人的存在。

③身体健康。身体健康，属于生命的安全感，也是必须具备的东西。

女人的核心安全感，来自这三条。只要女人有了这三条，她绝对是非常幸福的人。

（2）浪漫

只要是一个女人，哪怕60岁、70岁、80岁，甚至90岁、100岁，还是喜欢打扮自己，还是喜欢有情怀、有情调的感觉，也就是追求浪漫。

很多女人都喜欢周润发，为什么？因为周润发非常浪漫。不管是演黑帮大哥，还是演杀手，抑或演一个普通人，他所表现出来的那种浪漫的情怀，跟其他人不一样，女人当然喜欢。

下面，讲几条浪漫的方法，绝对可以立竿见影。

①女人不喜欢太过死板的男人。什么叫死板？就是不苟言笑。女人通常都不喜欢这样的人，而是喜欢感觉不太正经的男人。其实，这种男人都是有智慧的男人。在生活中，会随时开开玩笑，绕来绕去，故意气你一下。这是爱的表现，而很多女人读不懂。

②少注重有形，多注意无形。比如，情人节时，男人给女人买了玫瑰花，如果女人嫌男人乱花钱，这就有些过分了。如果老公要表达点浪漫，给你买朵鲜花，然后去西餐厅吃饭、度个假，你却说："老公啊，这太奢侈了，我们还是回家吃吧。"是不是就有点太实际了？男人不浪漫，一般的原因在于女人。要少注重有形的东西，多注意点无形的东西，才能浪漫起来。

③注意一下肢体动作。有些夫妻上街，不要说拉手，走都不会站在一排。男士在前边走，女士在后边跟着，肯定是结过婚的人；女士在前面，男士跟在后边，就是还未婚；要是并排走，就是即将结婚了。这样，能浪漫起来吗？所以，浪漫也是需要肢体动作的，比如牵手。

（3）被哄、被宠

关于这一条，有一部分男人会做到，大部分男人都不太会。在夫妻经营家庭的过程中，不能太较真。大部分夫妻吵架，都是因为陈芝麻烂谷子的小事。大是大非他们倒是不吵，就是小事小情才会吵。夫妻俩吵架有几种原因，最关键的就是两个字——闲的！忙的时候不吵架，闲着没什么事了，就开始吵，反正闲着也是闲着。

女人都喜欢说废话，男人在听女人讲话的时候，就不能太认真。左耳听，右耳出；同时，还不能用心，要把心关上，用耳朵听。尤其是边做饭边跟你说的那些话，她说完之后自己都忘了，根本就是随性而发，所以没必要当真。

女人有些时候是故意发火，故意撒娇，不是真生气，而是渴望得到你的关注。所以，如果夫妻感情不太好，感情比较疏远，就隔三差五，适当得一场病，马上就得到关爱了。要学会夫妻相处的智慧，关键的一条就是，不要过多把她当大人。她小时候就喜欢那些小玩具、小情趣、小情调，长大了也喜欢，这就是女人！

第五章

解码团队建设

管理学家认为：团队就是由两个或者两个以上的相互作用、相互依赖的个体，为了特定目标而按照一定规则结合在一起的组织。

我们认为：团队是由员工和管理层组成的一个共同体，该共同体会合理利用每一个成员的知识和技能协同工作、解决问题，达到共同的目标。所以，要搞好团队建设，首先就应该搞懂团队的性质，还有人性、人心和人欲。

要打造一流的工作团队，就要：转变团队的管理方式，治“本”；提高团队的综合能力，强“根”；培育团队的文化精神，塑“魂”。同时，还要将团队利益放在高于一切的位置上。

团队的综合竞争力来自对团队成员专长的合理配置。只有营造一种适宜的氛围，不断地鼓励和刺激团队成员充分展现自我，最大限度地发挥个体潜能，团队才会迸发出如原子裂变般的能量。

如何提高员工对企业的忠诚度

所谓忠诚，就是尽心竭力，赤诚无私。员工的忠诚度是指员工对于企业所表现出来的行为指向和心理归属，即员工对所服务的企业尽心竭力的奉献程度。员工忠诚度是员工对企业的忠诚程度，是员工行为忠诚与态度忠诚的有机统一。

市场经济情况下，有的企业员工流失率很高，特别是一些管理人员。而有的企业员工流失率却很低，管理人员和高层也很稳定。那么，人到底有没有忠诚度呢?

从老板的角度来说，员工是他的客户。客户通常都希望在自己为之自豪的公司工作；希望有好的待遇，好的福利；希望有善解人意的上司，有相处愉快的同事；希望有赏心悦目的工作环境；希望有成长空间，有升迁机会，有生活保障；希望做有兴趣的工作，有成就感，经常接受教育训练；希望公司在需要时能帮助解决个人困难……

员工需求有很多，没有一个公司能够全部满足。可是，如果需求得不到满足或疏导，工作热情就会下降，员工对公司的忠诚度也会相应降低。结果，就会增加人员的流动性。如果老板懂得尊重员工的需求，尽量满足或引导这种需求，就可能激发出员工的内在工作热情，从而提高忠诚度。

马斯洛需求层级理论，是大家都知道的一个理论。马斯洛是著名的美国心理学家，他从人类心理需求的角度研究人类，开创了人本主义心理学学派和研究方法。

马斯洛认为，人的需求应该划分为五个层次，即生理需求、安全需求、社交需求、尊重需求和自我实现需求。这五种需求依次可以由较低层次向较高层次发展和转化。

第一个需求层次是生理需求或生物需求，是马斯洛需求层级中级别最低的，比较物质性，包括人们对食物、水、空气、性欲、健康的需求。

第二个需求层次是安全需求，也属于比较低级别的需求，比较物质性，既包括对人身安全、生活稳定以及免遭痛苦、威胁或疾病等的需求，也包括对钱或基本经济条件的需求。

第三个需求层次是社交需求，也叫爱的需求，属于较高层次的需求，包括人们对友谊、对爱情以及隶属关系的需求，属于人们精神需求或者社会需求的初级阶段。

第四个需求层次是尊重需求或尊敬需求，属于较高层次的需求。例包括人们对成就、名声、地位等的追求。

第五个需求层次是自我实现的需求，包括在至高人生境界上获得人生价值的需求。

要想提高员工对企业的忠诚度，就要判断员工有哪一种或几种需求，然后予以恰当满足。概括起来，企业需从以下几方面做起，满足员工的需求。

1. 建立令人向往的企业愿景

公司追求的目标一般都比较高尚，格局小的人永远都会跟随格局大的人走。如果公司目标远大，自然会有人跟随；如果公司的远景只是要赚 150 万元、去买一辆奔驰，相信，没有几个员工愿意为此卖命；如果在追求利润的同时，能够为客户、为社会创造价值、利益，就会使员工觉得工作很有意义。

比如，微软的愿景是为每个家庭提供电脑软件，提高他们的生活质量。这个追求既远大又有实际意义，所以微软的每个人都有自豪感。

2. 帮助员工建立个人生涯规划

要帮助员工建立与企业目标相吻合的个人愿景、个人工作目标、个人生涯规划。一旦有了明确目标，员工不但可以提高工作意愿、激发潜能，也会实现满足感。这样，才有动力面对困难，迎接挑战，实现与公司双赢，并与公司一起成长。

3. 做员工的老师、教练和家长

有人格魅力，就会起到表率作用。一个好的领导就像一个家长、一个教练、一个部队的政委，要把员工看成可以培养的孩子，要像对自己的孩子一样对员工加以引导、培训，激发员工内心的工作热情。遇到难题，要主动帮助员工找原因，而不是指责，这样大家才能心悦口服。

4. 健全有效的沟通机制

管理层要倾听，要从关心员工的角度建立沟通渠道，通过畅通的反馈，及时发现员工中的各种动态，如需要、情绪、抱怨、困难、矛盾等；要真诚地关心他们，帮助他们解决问题，满足他们的需求。当员工的抱怨被化解、问题得到解决时，员工的工作积极性也会得到极大的提升，更会快乐地专注工作。

5. 关爱员工

优秀的公司经营者通常都知道，人是公司的最大财富，知道怎样关爱自己的员工，包括他们的家人，能为员工兼顾工作与生活。这样，员工就会从心里萌生知遇之感、归属感，他们的家人也会有一种自豪感，由衷地迸发出一种工作热情和忠诚。

有时，即使本人由于各种因素产生了动摇，他们的家人也会说："这么好的老板，这么好的公司哪里找，好好干，他们不会亏待你的。"

6. 任人唯才，人尽其才

如果公司有一个公平合理的内部竞争、激励机制，鼓励成材，表彰贡献，新进的员工能看到公司对有贡献的老员工们的尊敬与厚待，那么，他们也能看得到自己的前途。

7. 建立有效的激励机制

建立竞争性的报酬体系，任何人做出了成绩、为公司创造了价值，都要进行表彰、认可、奖励，公司的正气才会得到提升，员工才会觉得：努力工作不会白费，在公司里有前景，有奔头！

8. 建立信赖

要建立完善的授权体系、员工自我管理体系，明确岗位目标与职责、业绩衡量标准。这样，员工就可以在自己的岗位上当家作主，知道自己的目标、职责，知道怎样为公司负责。如此，员工的创造性、潜能就可以被最大化地激发出来，提高对公司的责任感和自豪感，就会尽量改进工作，提高效率。

9. 有适当的培训

很多时候，员工也很想完成任务或指标，可是由于能力不佳，或者没有掌握相关的技巧，他们不知道怎样做效率最好，所以备感压力，丧失信心。假如公司能建立一个很好的培训体系，帮助员工调整心态、掌握技术、提高效率，员工就会快速成长，工作就会有绩效，也会有成就感。员工心情愉快了，就会产生更多的创造热情。

完美重要，还是动力重要

比尔·盖茨曾经给年轻人提出十个忠告，其中之一是：这个世界并不会在意你的自尊，而是要求你在自我感觉良好之前先有所成就。

刚从学校走出来时，不可能一个月挣100万美元，更不会成为哪家公司的总裁。越强调自尊，越对你不利。试着通过自己的劳动取得成就，别人才会觉得你是最棒的。只有成就，才能获得别人对你的尊重；当你一无所有的时候，只能接受不公。

由此，也就很好地说明了一个问题——完美重要，还是动力重要？先找到动力行动起来，然后才有资格谈完美。洛克菲勒也说过，要想养成现在就做的习惯，最重要的是要有积极主动的精神，戒除精神散漫；要勇于做事，不要等到万事俱备以后才去做。

前任惠普总裁卡莉，在惠普公司股票大跌时，提出了著名的速度逻辑：先开枪，再瞄准，一个不理想的结果也比没有结果强！当然，这里并不是说“瞎子打枪无目标”，强调的是速度，先行动再改善。

很多成功的企业家都有一个共同的特点：行动力非常快，而且很强。一旦决定要做什么事，便会立即去做，甚至许多事情还没来得及考虑清楚就已经做了。例如，发现某项事物有商机，就立即招兵买马、购置设备、投入生产。结果，就莫名其妙地成功了。

有人说这是胆识，也有人说这是慧眼，更有人说这是运气。其实，都不完全正确，关键是他们注重行动，强调速度。因为他们坚信，一个不理想的结果也比没有结果强。如果要事前调研评估，过分强调完美，可能就会失去先机，因为“行动比完美更重要”。

在速度制胜的社会，不是大鱼吃小鱼，而是快鱼吃慢鱼，谁快谁就赢。不能因为前期有问题就采取“等待”的方式，要先行动起来，在行动中找问题，找解决方法。

> 当大家都沉迷于完美时，敢为人先的温州人、义乌人就率先从事经商和生产加工生意。虽然没有丰富的资源，没有足够的经验，但他们坚持自己的理念：先把事情做起来，再求完美，并且不断地改进与发展。
>
> 当他们达到一定基础时，温州人开始了创品牌的道路。如今，温州许多知名品牌都走向了全世界。义乌也一样，先开枪再瞄准！如今的义乌已是全世界最大的小商品市场，其小商品更是远销全世界，并得到较高的评价。

“先开枪后瞄准”是一种商场策略。商场中唯一不变的就是变，只要肯开头枪，准会有收获；等到你瞄准时，说不定早就是别人的“猎物”了。

商场中需要“机会主义”，机会是稍纵即逝的。先开枪再瞄准的逻辑，就是执行逻辑，执行就是要结果：即使是一个差的结果，也比没有结果强。所以，行动能力强的人永远都是先做再说。那么，如何克服完美主义导致的拖延问题呢？

1. 看看你的拖延行为是否与童年创伤有关

一个人是如何成为完美主义者的？这就要回忆一下自己的童年了。

有些父母对孩子的要求很高，孩子就会将父母的严厉和高要求内化，变成对自己的高要求，即使父母已经放松了对他们的要求，他们也无法对自己降低要求。可是，要知道，这种童年的创伤很容易导致后来的完美主义拖延行为。

如果你属于这种情况，就要先看到并且承认这份创伤，然后去治愈它。当创伤治愈后，拖延的问题自然可以通过建立新的习惯得到解决。当然，这需要一个过程，要慢慢来。

2. 设定真实可及的目标

很多完美主义者之所以会出现拖延行为，是因为将目标制订得太高了，难以实现的高标准压得他们喘不过气来。看看自己是否将目标制订得太高，太不切实际了。如果是，就要进行调整，降低自己的期待，参考以往的成功经验，设定真实可完成的目标；如果你的目标比较大，就要将大目标分成几个连续的小目标，每一次小目标的完成都会增加你的自信心。

3. 享受过程，不要执着于结果

不要与别人比较，而是与自己比较，看看与昨天的自己相比，今天的自己是否进步了？重要的是在做事的过程中，你学到了什么，你对什么感到兴奋，你提升了什么。

能力不是一个固定的东西，是可以变化和发展的，没有什么需要证明。当你在过程中得到很多乐趣和快乐时，就会觉得那个过程本身即是结果。

4. 不要放弃自己

很多完美主义者都有一个不好的习惯，那就是，喜欢不断地重新开始，相信明天就会完美了，无法灵活地面对和处理那些不完美。他们做事的时候很容易走向两种极端，要么完美，要么放弃。保持灵活、充满弹性的心态，可以帮助你克服这两种极端。

5. 立即行动，先开始再说

这一点适用于所有的拖延症患者。如果一件事拖得你心烦又痛苦，就要立即行动，先开始再说。很多事情，只要有必要条件就可以行动了，不必等到充分必要条件都满足，否则很容易错过最好的时机。

人性的阻力是什么

人生在世，需要面对的问题有很多。如何看待这些问题、解决这些问题？每个人都会有不同的态度和方法。只有用正确的态度和方法，才会有利于人生；而错误的态度和方法，则会产生很多人性的阻力，如恐惧、害怕失败、怕丢面子和患得患失等，这些都会影响一个人的成长与成功，所以必须克服掉。

1. 恐惧

恐惧不会无缘无故地产生，很多人之所以会感到恐惧，是因为在类似的环境下经历过重大挫折，付出了沉重的代价，让人刻骨铭心。俗语

“一朝被蛇咬，十年怕井绳”，告诉我们，在某种程度上，“恐惧”也是避免人重蹈覆辙的“积极”的生理反应。

其实，每个人都有恐惧，谁都不例外。可是，那些成功人士与一般人的不同就在于，他们愿意去处理恐惧，然后超越它，最后赢得成功。如果不学着面对恐惧，它就会支配你的精神和肉体，阻碍你的梦想和生活。

当你处在恐惧之中不知所措时，可以试试下面的方法。

（1）写下你所恐惧的事物和其源头，想想过去它是如何绊住你的

不论是什么时候发生的都可以，不用挑选评价，也不用进行反思。当恐惧被写在纸上时，它便失去了力量。

（2）做那些你所恐惧的事

尝试先迈出一小步，然后再一小步。行动会带来勇气，告诉自己：“恐惧一定会过去。”随着勇气与意志力的增长，你的世界也会逐渐开阔。

（3）恐惧只是幻觉

我们常常会不自觉地编造过去发生过和未来将会发生的恐惧故事，然后不断回想它们，直到我们真的开始害怕。其实，关于恐惧的妄想大多来源于过去所经历的痛苦和对于未来未知的恐惧，要创造一些对于未来充满美好期望的新故事。

（4）相信自己

要重点准备并且愿意去拥有成功、喜悦、惊奇、与他人之间的联系、美好的未来和绝佳的环境。如果你为之努力并乐于接受，就是最好的。

戴尔·卡耐基说，只要下定决心克服恐惧，便几乎能克服任何恐惧。因为，除了在脑海中，恐惧无处藏身。在生活中，有的人害怕失

败，很多事情宁可不去做，也不想承担责任。其实，失败并不可怕，可怕的是惧怕失败。没有失败，你可能连一次成功的机会也不会有；不去尝试，你连失败的机会都不会有。

有一个自认为很聪明的人和一个不很聪明的人在一起。

一天，一位大师告诉他们："传说，在很远的一个地方，有一座宝藏。只要去了，就有可能得到它。"

自认为很聪明的人想：一是路途遥远，二是那只是一个传说而已，有没有宝藏还说不定呢。所以，他没有去。

可是，不很聪明的人却去了。他很执着，一心一意地向着目的地前进。一路上，他不仅欣赏了很多美景，还了解了很多异域风情，学会了很多在书本上学不到的本领。结果，那里的确没有什么宝藏。

试问，聪明人在这段时间里得到了什么？不去做，只能一事无成。这样看来，失败其实也是一种另类的成功。有人曾为林肯做过统计，说他一生只成功过 3 次，但失败过 35 次，不过第 3 次的成功却使他当上了美国总统。事实也的确如此。

林肯的事例告诉我们，不管在任何时候，只有坚强面对失败，才有可能获得最后的成功。害怕失败，裹足不前，只能让我们离成功越来越远。也就是说，失败并不可怕，可怕的是我们不去做；或是在失败中跌倒了，找不到再次坚持的理由。

一味地逃避失败，成功就会离你越来越远，直至消失，到时候，我们就是真正的失败者了。纵观古今成功人士，哪个没有经历磨难？哪个没有面对过失败？世上没有不败的神话，每个人都会有点小磨难，如果没有失败，怎么会更上一层楼？

2. 面子

在生活中，每个人都会遇到一些丢面子的事。从短期来看，丢面子并不是一件好事；从长远来看，丢面子对一个人来说也未必是坏事。丢面子能够给人以动力，促使其更加努力，为自己挣回面子。

对于丢面子，每个人都应该有一个正确的心态，将丢面子当成自己生命中的一种磨炼。首先，面子丢得多了，可以让人的脸皮变厚，而脸皮厚往往能够给一个人带来意想不到的惊喜；其次，丢面子可以让一个人更加清醒，能够正视自己的缺点，改正自己的错误，以便取得更大的进步。

1992 年，对于年近四十岁的黄清光来说，可以算得上是一个大喜大悲之年。年初时，在南宁某歌舞团默默工作了多年的黄清光被评为国家二级小提琴演奏员；年尾时，黄清光下岗了。这一喜一悲真是让他感慨万分。

黄清光的父亲在少年时代就开始帮人修锁开锁，由于技艺精湛，名气很大，人们都尊称他为“八桂锁王”。一直以来，父亲都有个心愿——希望儿子能够子承父业，将这门绝技代代传下去。可是，黄清光的心思都在音乐上，父亲也不好勉强。

看到黄清光下岗了，父亲便对他说：“下岗也未必是件坏事。这样吧，跟我学开锁得了。”看着父亲满是期许的眼神，黄清光同意了。

第二天，黄清光就跟着父亲走进了家里的修锁店。从国家二级小提琴演奏员一下子变成了开锁匠，黄光清的心里非常不是滋味。以前，他收到的都是鲜花和掌声；如今，穿着粗布衣服游走在大街小巷。有时，还要接受人们的嘲笑："大演奏家怎么变成小锁匠了！"面对这样的讥笑，黄清光总觉得自己很丢脸，所以他害怕见到熟人，怕人家嘲笑自己。

半年的时间一晃而过，可是黄清光开锁的本领并没有太大提高，即使是开一把普通的锁，也需要花上很长时间。有一次，他去给一位个体户老板开锁，费了半天劲也没有把锁打开。老板娘讽刺他说："我还以为锁王的儿子多厉害呢，差远了。唉，早知道就不找他了！"

这番话像刀子一样刺痛了黄清光的心。他暗下决心，一定要好好跟着父亲学习开锁的本领。从此以后，黄清光放下了面子，一头扎进了锁堆里。半年之后，黄清光的水平已经超过了父亲。父亲去世后，黄清光成了新的"八桂锁王"。靠着自己的手艺，成了当地有名的富豪，其财富比当初做小提琴演奏员时多了很多倍。

黄清光正是因为放下了面子，一心钻研锁艺，才成了新一代"八桂锁王"，为自己挣足了面子。因此，不管在任何时候，都不要太过于在意自己的面子。只有放下面子，才会获得成功；当你成功了，才会赢得人们的尊重，才会为自己挣足面子。从这个意义上讲，只有不怕丢面子的人，才能为自己挣足面子。

3. 患得患失

在面对利益和感情取舍时，有时会感到很纠结。其实，患得患失也是某种贪婪的表现。原则上讲，就是缺乏生活的智慧。

一头饥饿的驴子外出觅食，发现了两堆相距不远的草料——东边是一堆干草料，西边是一堆新鲜草料，非常具有诱惑力。

驴子很兴奋，跑到大堆干草处，刚要吃，忽然想：西边的那堆那么鲜嫩，肯定好吃。此时不吃，就会被其他驴子吃掉。于是，它便跑到鲜草处。可是刚要吃，又想到：这里的虽然很嫩，可是吃不饱。等我吃完了嫩草，如果其他驴子把那大堆干草吃光了，自己还得挨饿，还是吃干草吧。当它跑回干草堆时，又特别想吃嫩草；当它再跑回嫩草堆时，又担心吃不饱而返回干草堆……驴子不停地往返于两堆草料之间，最终饿死在了草堆旁。

患得患失是人性的死穴，面对选择，如果犹豫不决、瞻前顾后，会将许多原来拥有的东西白白浪费掉，最后只能空悲叹。命运始终都藏匿在我们的思想里，许多人之所以无法走向成功，并不是因为他们的条件比别人差，而是因为他们走不出得失的困扰。

面对嫩草和干草，驴子不知如何选择，始终下不了决心，在犹豫之中一直不停地奔跑，最终活活饿死。有时候，决策是一件非常困难的事，甚至是十分痛苦的。可是，无论怎样，都不要犹豫不决，一定要做出一个选择；否则，将会错失良机，甚至将好事变成坏事。

俗话说得好：机不可失，时不再来！犹豫不决是效率的敌人，也是成功的障碍。有勇气、有智慧、有胆略的人是不会犹豫的，他们能够把握机会，还会占得先机，胜利的天平自然就会向他们倾斜。

个人总有缺陷，团队可以完美

著名管理大师罗伯特·凯利说：“企业的成功靠团队，而不是靠个人。”在竞争如此激烈的市场环境下，对于任何一个组织或企业来说，好的团队都是至关重要的。那么，究竟该如何打造一支优秀的团队呢？要想了解这个问题，首先就要搞清楚团队的含义。

美国著名的管理学家斯蒂芬·罗宾斯认为：团队就是由两个或者两个以上的，相互作用、相互依赖的个体，为了特定目标而按照一定规则结合在一起的组织。通俗来讲，所谓团队就是，一群有着共同目标的人，发挥自己所擅长的技能，产生"1+1>2"的能量，达到共同的目标。

在理解团队的概念时，要从本质上区分团队和群体。如果无法区分什么是团队，什么是群体，就会在管理工作中出现脱离组织的小圈子或者个人主义，对集体成长产生恶劣影响。实际上，团队和群体的本质区别就是成员之间的协作性。团队成员之间是互相配合、共同进步的，但群体之间有着个人的目标，不一定会彼此协作。

端午节的时候，很多地方都会赛龙舟，每条龙舟上的成员都会组成一个团体。他们有着共同的目标，会互相协作、配合，尽自己最大的努力完成团队夺冠的目标。

每到旅游旺季的时候，很多旅行社都会组团去一些景区旅行，每个旅行团都有很多人。虽然这是一个团，但并不是我们所说的团队，只是一些来自五湖四海的人因为共同的兴趣而组成的一个临时群体，成员之间并不会有共同协作的意识。

区分了团队和群体之后，就可以知道，团队最核心的因素就是协作。因此，在一个团队中，大家不是什么都会，也不需要全能，只要成员将自己的长处充分发挥出来，齐心协力地完成团队工作，就可以实现团队目标和愿景。

在团队中，成员是不需要为自己的短板而烦恼的，因为个人的短板都会由擅长的人去填补，而你要做的就是发挥好你所擅长的技能。团队成员之间互相配合，取长补短，是一个优秀团队的基本要求。虽然没有完美的个人，但完美的团队还是可以创建的。即使管理者的能力再强，也不可能仅靠一个人就取得成功，这需要一个优秀团队来支撑，这就是所谓的“一个篱笆三个桩”。

没有完美的个人，只有完美的团队。团结就是力量，如果没有团队精神，企业就会成为一盘散沙。只有每个成员都最大限度地发挥自己的潜力，并在共同目标的基础上协调一致，才能发挥团队的整体威力，产生整体大于各部分之和的协同效应。

一位专家曾经给一群小学生出了一道智力测试题：

> 在一个罐头瓶里，放进六个乒乓球，每个球都用细绳系着，要求在最短的时间里，从瓶里全部取出。每个学生都想在第一时间里从瓶里取出，结果在瓶口形成了堵塞，谁也出不来。只有一个小组成功做到了，他们采用的办法是：六个人形成一种配合，依次从瓶口取出来。

这道测试题考的就是，团队有无相互协作精神，就是我们常说的团队精神。所谓团队精神，是指团队成员为了团队的利益与目标而相互协作的作风。团队精神的核心是奉献，奉献是激发团队成员的工作动力，可以为工作注入能量。

团队精神包含三方面内容：第一，团队成员对团队有着强烈的归属感，把团队当“家”，把自己的前途与团队的命运系在一起，愿意为团队的利益与目标奋斗。第二，成员之间相互协作，彼此间利益共享，相互宽容，彼此信任。第三，充分调动成员的积极性、主动性、创造性，让成员参与管理、决策，成员尽职尽责、充满活力。

现今的工作大多数都是程序化的工作，每一个人都有各自不同的领域，学会与他人配合，是每一个员工必备的素质。工作能力强，具有团队协作精神，自然会被公司高薪留用；而一个不肯合作的“刺儿头”，势必会遭到公司的拒绝。

在公司里有一个员工，不仅拥有出色的学历，而且在工作上也做出了很多成绩。可是，由于他喜欢独来独往，无法和同事融洽地相处。当同事需要帮助时，他不是拒绝就是敷衍，而他也很少向其他同事求助，宁可事事亲力亲为。按照他的才能，早就应该晋升到更高的职位了，可是，事实却并非如此。那些能力比他差的人都得到晋升，而他却一直停留在原位。

遗憾的是，这位员工并没有意识到自己的问题，反而认为自己的才华没有得到老板的足够重视。有一天，老板决定辞去他的职务。他不解地问：“老板，如果我离开公司，你难道一点都不会心痛吗?”老总回答说：“我当然会心痛，因为我将失去一个有能力的人，可是如果你伤害到我的团队，我一定会让你离开。”

这位员工之所以没有得到重用，不是因为他能力不佳，而是因为他不懂得放低自己，让自己成为团队的一部分。现在，企业越来越重视团队的力量，当老板觉得某一个人会影响整个团队时，即使他的个人能力再突出，也会忍痛割爱。

在这个团队制胜的年代，单打独斗的招式已经过时，只靠提高员工个人能力的方法，在今天已经没有生命力了，团队精神才是一个企业真正的核心竞争力。每一个人成功的背后，都离不开团队的支持；而每一个团队的成功，也都是全体成员齐心协力的结果。

个人抛弃了团队精神，就等于抛弃了更好地实现自身价值的机会。

虽然说，团队也要为此承担风险，但损失最大的无疑是个人。当团队收获了荣誉和成就时，每一个为之付出过努力的人，必然会最大限度地实现自身的价值。

看透选人的核心点

作为企业或者团队的管理者或经营者，不一定要具有很深的专业知识，但要懂得领导谋略，特别是选人、用人、留人、育人方面的知识。

刘邦不爱看书、不会武艺，是个市井之人，但他精通识人、用人之术，最后夺取了天下。

项羽出身于官宦之家，知书达理，武艺高强，但他不会识人、用人，最后只好上演了一场“霸王别姬”。

历史教训值得我们的企业管理者吸取。有的企业过去非常辉煌，可惜只是昙花一现。原因何在？有一点是共同的，那就是在选人、用人上都是失败的。那么，如何选人、用人呢？选人的标准有哪些呢？

1. 选安全的人

也就是用人唯贤，德才兼备。

社会中，什么人都有，什么品行的人都有。也许有些人会说，人虽然本性难移，但还是可以通过教育培养得到改善的，或者说选拔人才的关键是要看才干和个人能力。这两点当然正确，但注重这两点的同时，更应该注重这个人的本性和人品。

后期培训虽然会改变一个人，比如行为习惯和行为动机，但要改变一个人需花费很多的时间和精力，通常是企业负担不起的。优秀的企业通常会将选拔合格的人才放在首位，而不是培养人才，尤其是在考虑企业运营资本和战略经营时机的时候。所以，选拔人才在先，培养在后。

进行普遍培养，重点选拔，不但费时费力，还会让部分人员因为失望而产生不必要的流动。挑选人才的方法是：如果找不到圣人、君子而委任，与其得到小人，不如得到愚人。

2. 选负责任的人

在选人的过程中，如果有疑虑，就选那些有责任心的人。一个人是外向还是内向，是严厉还是随和，是开放还是保守，以及情绪是否稳定，都和业绩无关。唯一有关的个性特征是一个人是否有责任心。

责任心是一个人对自己的所作所为负责，其公式为：

责任心 = 努力 + 认真 + 细致 + 有计划性 + 组织协作性 + 坚韧不拔 + 为人可靠 + 结果导向

有责任心的人，通常都会努力工作、认真工作、细致工作，他们善于安排自己与部门的工作计划，一定会听从安排、坚持到底，一定能够说到做到，一定会按时、保质、保量完成任务、解决问题。

有责任心的人不仅能主动处理好分内与分外、有人监督与无人监督的工作，更能主动承担责任。他们会积极主动地完成能力所及的工作，并努力提升自己。

3. 选合适的人

通常，在人才市场上，是找不到最好的人的。更大的问题是，即使是最好的也未必是合适的，所以选择适合企业的人才是关键。

什么样的人才适合企业？文凭不等于水平，职称不等于称职，学历不等于能力；学历只能代表一个人过去学过什么，并不能说明他将来的发展前途。如果没有知识、技能、经验，只要爱学习、态度好，这些都不是问题。可是，如果选错了人，无论他过去多么优秀，也将是噩耗的开始。

合适的员工是公司的财富，可是“合适的人”不是培养出来的，而是“选”出来的。也就是说，要么你从一开始就对了，要么从一开始就错了。

4. 不同的团队需要的人不一样

一般来说，大公司有很强的实力，如同高速运转的火车，只需要人添添柴火、不出问题就可以了；小公司就完全不一样了，你得拼命拉车，要想走得快，就要找几个力气大、能往同一个方向使劲的人，一起来拉才行；只要一不使劲，立刻就会停止。

所以，在选人的时候，要看看，这个人是只能给你添柴火的，还是能和你一起拉车的？也要想清楚，你需要的是能一起拉车的人，还是只会给你添柴火的人。

5. 分清梁和墙

很多创业企业，运营一段时间之后，会出现人才荒。之所以会出现问题，有时候就是因为没有分清哪些人是“梁”，哪些人是“墙”。

不同的人才要区分对待，不能一视同仁。在公司，一定要分清谁是顶梁柱，谁是墙，谁是砖瓦和水泥。核心团队不见得都是梁，也可能有墙；业务团队不见得都是墙，也可能有梁。分清了梁和墙，就可以分别制定不同的激励政策了。

人的信任度来自哪里

作为一个理性的人，我们都在满足自己的需求、追逐自身利益的最大化；而作为一个社会的人，我们都会积极寻求合作。因为只有合作才能产生更大的效益，而促成合作的一个重要因素就是信任。

1. 著名的麦肯锡信任公式

著名的麦肯锡信任公式：信任 = 可靠性 × 资质能力 × 亲近程度/自我取向。在这个公式中，一共包含了 4 个要素，现在，我们就对其进行一一讲解。

（1）可靠性

简单来说就是，你做事情的靠谱程度。可靠性和事情的大小、复杂程度无关，最为简单的就是，如果让你带着公司的门钥匙，你是否能坚持每天都能准时准点开门。或许一天可以，如果是一年、十年或是更长时间呢？如果你能将一件事情持续做好，就是一种可靠性的表现。

（2）资质能力

资质，也就是你的经验和头衔的总称，如果你有十年的管理经验，加上一张沧桑的脸和稳重的肚腩，以及一张企业 GM（总经理）的名片，就是一个典型的中年成熟稳重男人的形象，很容易获得他人对你的信任；如果你说的都是不靠谱的话，办的都是蠢事，外在的东西瞬间都会成为浮云，这时能力就显得尤为重要了。

能力大体可以分为两类：一类是专业能力，另一类是比较普遍的工作能力和方法。专业能力就是，你所擅长的领域，术业有专攻；工作能力和工作方法，可以理解为作为一个职场中的人应该具有的职业操守，诸如执行力、穿衣、谈吐等，这些都可以通过日常工作反映出来。

（3）亲近程度

所谓亲近程度，是指你和你要取得信任的对象的亲近程度。如果你对某人总是敬而远之，即使你的能力再强，也无济于事。要取得别人的信任，就要与其称兄道弟。可是，职场中永远都没有真正的朋友，不要把亲近当真，和别人掏心窝子，别人会觉得你不专业。

（4）自我取向

说白了就是，别太把自己当回事。要眼里有客户、心里有别人，在和别人面对面坐着的时候，要想想别人的想法是什么，别人有什么需要。如果能考虑到这些问题，你就达到心中无我了。这时候，别人就会发现，和你相处是一件很愉快的事情。

2. 如何取得他人信任的建议

要取得别人的信任，还有几条更通俗易懂的建议。

（1）给自己的嘴巴上一把锁，不要将自己全部的想法都统统讲出来

如果觉得有些事情没必要让别人知道，就一定要闭上自己的嘴巴，任何人都不愿意和喜欢传播八卦的人做朋友。

（2）少作承诺

承诺代表一种信任，我接受你的承诺，但你却没有做到，我就会对你失去信任。既然承诺了人家，就一定要做到；否则，如果知道自己做不到，就不要给别人承诺。

（3）永远不要错过赞赏和鼓励别人的机会

鼓励与赞赏并不难，一句话、一个动作、一个眼神，都能让别人感到温暖。

（4）保持开放的心态

讨论但不要争论，即使不赞同，也不愤忿，更不要大声嚷嚷。

（5）谨慎地对待别人的情感

不要对别人的情感加以揣测。你没有经历过别人所经历的，就没有资格揣测别人的生活。

信仰是团队文化的灵魂之根

什么是企业的核心价值观这一问题，一直都是人们关注和争论的焦点。有人说是高新技术、有人说是企业制度、有人说是组织建设、有人说是团队精神等，说法不一，莫衷一是。其实，企业的核心价值观也可以叫信仰！

核心价值观是一切理念、制度、技术的基础，技术优势及其所表现出来的竞争能力，是企业核心价值观的产物和体现。拥有正确的核心价值观，并形成以价值观为核心的企业文化，才能形成企业的核心竞争力。

美国哥伦比亚大学商学院“跨国公司竞争力”课题组在研究世界500强企业时发现：这些企业所树立的核心理念几乎很少与商业利润有关。

日本政府在总结明治维新时期经济能得到迅速发展的经验时，发表过一份白皮书，把日本经济发展归结为三个要素：第一是精神；第二是法规；第三是资本。这三个要素所占的比重分别是：精神占50%、法规占40%、资本占10%。这一结论说明了精神要素、文化要素在企业经营和经济发展中的重要作用。

英籍美国学者查尔斯·汉普顿和阿尔方斯·特龙佩纳对美国、英国、德国、意大利、瑞典、日本、新加坡等 12 个国家 15000 名企业经理的调查指出：不同的企业在创造财富的过程中都受到各自独特的价值体系的影响。

可见，核心价值观在企业以及其他组织的建设中处于核心地位。一个企业要想获得核心竞争力，必须从建立核心价值观入手，建立以价值观为核心的企业文化。

很多企业在经历了重视财务、重视营销、重视技术的阶段后，终于走到了重视人的阶段，认识到了人才是企业的根本。那么，怎样才能凝聚人并最大限度地发挥人的潜力呢？答案就是：建立核心价值观及以价值观为核心的企业文化。

鲁迅说："人是要有一点精神的。"企业也是需要有精神的，需要用精神来组织人，并产生凝聚力和创造力。这种精神就是以企业价值观为核心的企业文化。可以说，企业的核心竞争力来自企业的核心价值观。

的确，要办大事，就得有很多人；人多了，就要有组织；要维系这个组织，就要有信仰。

"如果想让列车时速再快 10 千米，只需要加一加马力；若想使车速增加一倍，你就必须要更换铁轨了。资产重组可以一时提高公司的生产力，但若没有文化上的改变，就无法维持高生产力的发展。"这是杰克·韦尔奇的名言。

团队文化是团队体制的一个非常重要的组成部分，如果把治理结构、管理制度看作团队体制中的"硬件"，那么团队文化就是"软件"，它会增强团队的内聚力、向心力和持久力，并最大限度地激发团队成员的积极性和创造性，确保团队工作取得巨大成效，促进团队成长和发展。因此，要想成为高效团队，就要有自身的团队文化。

IBM（国际商用机器公司）的产品在不断地更新换代，经营模式在不断地改变，CEO（首席执行官）也经历了很多代人，但它始终能抓住机遇。为什么？就是因为它有自己优秀的、独特的团队文化。

张瑞敏说，海尔的核心竞争力就是海尔文化，海尔的什么东西别人都可以复制，唯独无法复制海尔文化。

沃尔玛之所以能够从一家不起眼的小店发展成为当今世界上最大的零售企业，在众多成功因素当中，沃尔玛的文化和因其文化而聚集的团队起了首屈一指的作用。

所有杰出团队的一个共同特色就是，每个团队都有一个强有力的团队文化。而团队文化之所以能够促进团队协作，在效率上提高获得结果的能力和速度，并降低团队成员间的内耗，主要在于它是在团队成员共同遵守的价值观念上形成的，是所有团队成员都心悦诚服接受的行事准则。所以，从这个角度来说，构成团队文化的核心在于共同的价值观。

所谓共同的价值观，是指团队全体成员做人、做事的基本态度，是团队成员关于目标或信仰的共同观念和看法，共同的价值观是解决团队中矛盾、争论和冲突的关键。一个团队在其成长历程中只有形成所有成员共同认可的价值观、共同遵守的行为准则，才能缔造完美的团队。因此，团队要全面建立自己的文化，首先就要确立共同价值观。

第六章

解码终极领导力

作为领导者，不仅要自己做得好，还要带领团队一起做好。古人讲究修身、齐家、治国、平天下，这是一个关于次序的要求。

不仅如此，现代领导者还需要做到以下几点：

卓有成效地解决问题。做出决策之前需要解决问题，要对相关信息进行收集、分析和考虑。通过清晰地思考，对大量信息进行批判性分析、推演和归纳。

坚持以结果为导向。领导力不应只是构想、传达愿景和设定目标，还包括坚持到底，实现目标。一个以结果为导向的领导者会强调效率和生产力的重要性，优先考虑价值最高的工作。

寻找不同的观点。关注影响组织命运的趋势，紧跟周围变化的脚步，鼓励员工提出能够提高业绩的观点，准确区分重要与不重要的事项；鼓励身边的人发出不同的声音；擅长聆听各种观点的领导者会在合理分析的基础上做决策，避免决策带有偏见。

具备战略远见。没有远见的领导力，在本质上讲不是领导力。不比别人看得远，不具有远见卓识，就缺乏领导他人的能力。所以说，战略远见是领导力与生俱来的本质特征。领导力与执行力之间本来没有天然的分界，两者之间相互渗透，可是如果一定要区分，更大的区别就在于战略远见上——领导力更加趋向于战略远见，而执行力是贯彻战略远见的。

重视和成就他人。今天的人们更加强调用个性来主宰自己，希望获得重视的需求也就越来越强。如果领导者不能够很好地针对这种现实，有效地体现出对他人的重视，领导力就一定是有缺陷的，会产生离心力的。重视他人是一个非常重要的现代领导力特征，可是这种涵养绝不是一蹴而就的，需要长期锤炼，才能达到炉火纯青的地步。

调动情绪的能力就是领导力

所谓调动情绪的能力就是领导力，也就是说，我们要学会做情绪的主人。无论在什么样的场合，遇到多么窘迫的境况，都要时刻控制自己的情绪，坚决不让不应该出现的坏情绪将本来很简单的事件变得无比复杂。

生活中，每个人都会遇到磕磕碰碰，无法控制情绪的人会瞬间“怒火中烧”，无法再去听取别人的只言片语，于是就会出现“小事变大”的事情。

每个行为的背后都必然有一个正面的动机，只有了解和接受了一个人的正面动机，才容易引导一个人改变他的行为。懂得调动情绪的人，通常都能理性地观察别人，可以从别人的表情、言语、行为上准确地捕捉到对方的心理状态，在不附和别人的基础上，对对方不好的行为进行正确引导。

人的情绪是组成性格的灵魂，在人的内心深处住着两个灵魂：一个好情绪和一个坏情绪，决定着一个人事业、交际圈丰富与否。情绪不可能被完全消灭，但可以进行有效疏导、有效管理、适度控制。一旦成为情绪最好的主人，每天都能有美好的心态面对生活。

如果要说服一个人，或者要和他产生良性互动，最需要具备的能力就是情绪领导力。情绪领导力是自我管理情绪，以及管理他人情绪的能力，是通过学习可以掌握的能力。也就是说，要能感知自己和其他人的情绪，并且能够确认它。只有我们的愿景是充满情感的，才能够被他人感知和接受；只有你和他人产生情感链接时，才能影响他人。

情绪领导力是管理者最为关键的基本素质。作为具有领导力的管理者，就要建立起这种情感的链接，继而去影响对方。据说，一个智商水平一般的人从事一项普通工作，在决定其是否成功的因素中，智商只占33%，情商占66%；对于管理者来说，情商所占比例更高，达到85%。

情商是在情绪上比较有智慧的表现，并不意味着你要把所有的情绪都咽下去、掩盖住，也不意味着有一点儿情绪就要发泄出来。在我们的情商中，不仅包括对自己的清晰认知、对自我沟通能力的认知，还包括对他人的认知。只有知道自己需要什么，才能知道别人需要什么，才能对别人产生积极影响。

情绪如同你有头发、鼻子一样，完全是现实的存在。如果对身体产生影响，相应地就会对情绪产生影响。在心理上，情绪完全是存在的一种物质。《孙子兵法》曰："将有五危：必死，可杀也；必生，可虏也；忿速，可侮也；廉洁，可辱也；爱民，可烦也。凡此五者，将之过也，用兵之灾也。覆军杀将，必以五危，不可不察也。"这五点，都是将帅的过失，也是用兵的灾害，会让军队遭到覆灭，将帅被敌擒杀，一定要高度重视。

领导者必须从全局上来考虑问题和完善自己。作为一名领导者，如果发现企业遇到了上面的"五危"，就必须努力克服并改正之。你是在带领一支团队，而不是一个人，必须站在团队的立场上进行工作，并规范和控制自己的情绪和行为。

具体来讲，就是凡事要掌握一个度，在决策时处于平稳的心理状态，在调动战略资源和战略时机时做到恰到好处，形成最佳的力量部署，达到最大的战略效益。制定战略的时候，不能偏执，要充分留有余地；不能把事做满，要做到胜不骄、激不怒、诱不贪、弱不卑，使头脑永远处于最佳思维状态，不要因情绪波动而造成指挥失误。因此，善于管理情绪是每一个领导者必备的基本功。

1. 自我情绪管理的内容

自我情绪管理的内容主要包括以下几项：

随时检查自己的情绪状态；

熟悉每一种情绪可能对工作、对他人产生的影响；

及时控制和消解自己任何不良的或过分强烈的情绪；

熟悉各种可以避免或消除不良情绪影响的方法；

明确认识情绪在工作中的利害，尽量把个人情绪和工作事务分离开来；

随时观察他人和环境对自己的反应，作为对自身情绪状态的回馈；

正确地表达、沟通自己的要求、愿望，不要带有负情绪色彩。

2. 管理员工情绪和企业情绪氛围的内容

管理员工情绪和企业情绪氛围的主要内容包括：

监察周围的每一个员工，了解他们有何种情绪，其原因是什么；

用恰当的方式让员工了解他们自己的情绪对工作和他人可能带来的影响；

帮助员工解除引起不良情绪的原因；

帮助员工排解情绪，并培养自我情绪管理的能力；

随时检查团队的士气，寻找引起任何不良状态的原因；

控制团队任何激烈的特别是冲突式的情绪反应；

检查管理计划、方式、活动，如果有引起不良情绪的因素，要迅速调整，并鼓励员工参与这一调整；

鼓励团队成员坦诚沟通，消解隔阂。

一切经营都是在经营人

在企业的发展过程中，经常会遇到以下问题：

当企业发展遇到一定瓶颈，就无法更上一层楼了；

员工的工作效率会低下，人心涣散；

一个科研项目，花费了很长时间，居然都没有攻关下来；

因为一些细节居然就损失了一个重要客户；

公司已经很久没有推出新产品了；

辛苦打下来的市场，居然几个月就被竞争对手赶超……

仔细分析这些问题背后的根源，其实都是“人”的问题。由于人才的缺乏，或者因为人才的不作为，使企业在发展过程中遇到了瓶颈。一旦将人的问题解决好了，所有的问题都会迎刃而解。

为什么外资企业的待遇普遍要好于国内企业？为何沿海企业的待遇明显要好于内地的企业？原因很简单，因为他们用好的待遇搜罗了更多更好的能创造价值的人才，这些人才又能给企业带来更丰厚的回报，因而就造成了“人才—价值—待遇—人才”的良性循环。内地企业经常会感叹，人才稀缺，千军易得，一将难求。要想缩小与沿海企业的差距，就要从争夺人才开始。那么，怎样才能留住人才呢？

有的企业虽然给骨干员工提供了极其丰厚的工资待遇，可是他们并不满意，反而愿意到其他工资、福利相对低的企业去，为什么？因为后者有梦想、有良好的工作氛围、人际关系简单、企业形象受人尊敬、企业家有思想有魅力等。

人总是怀揣着理想成长，可是这种理想往往被现实修改为利益和欲望。企业作为一个谋利的商业组织，有没有可能把员工的最本原需求和最真实动机进行还原？有没有可能将工作背后的利益动机修改成非利益动机？企业本身以“利润最大化”为目的的企业哲学能否转变为“财富和幸福最大化”为目的的企业哲学？

阿里巴巴以理想主义和企业文化吸引、留住和激励着员工，从来都不会提供高薪，更不以高薪酬吸引人才，但中国网络产业大批有理想、有激情的人都奔向了阿里巴巴。这个团队的绝大部分人，拿着国内同行业中下水平的工资（在杭州处于中等），却有着少见的忠诚、幸福感和向心力。

雅虎搜索引擎发明人吴炯跳槽到阿里后不仅工资降了一半，还失去了每年7位数的雅虎股权收入；首席财务官蔡崇信原本是瑞典AB公司的副总裁、耶鲁大学经济与法学博士。在一次业务访问后，他被阿里文化所感召而决定加盟阿里，于是放弃了高额年薪，每月只拿很少的工资。

一位因挫折极度消沉、几欲自杀的女士加盟阿里巴巴，三个月后姿态焕然一新。尽管3000元左右的薪水丝毫没有炫耀的资本，但她口气铿锵地说：“请不要再和我提自杀那些愚蠢的话题，我正在给中国的电子商务做贡献。”

如果把“职场”视为一个交易系统，阿里人将员工本原诉求修改为非利益模式，也就是让员工回到最本原、最美好、最宝贵的需求和动机，这是对员工心智模式的一次颠覆，极大地降低了企业内部交易成本。当然，如果仅仅要求员工修改心智模式，而企业是一个吸金的平台，长期来看，也是很难得到员工认同的，更会让员工感觉被欺骗。

2008年10月28日，马云到京瓷拜访日本的经营之神稻盛和夫的时候，他请教的不是如何赢利、如何占有市场，而是灵魂问题："企业与人性的关系，人的本质是什么，企业发展到最后到底为了什么？"马云对这些问题的关注、思考和行动，让阿里巴巴从备受质疑的"精神控制术"走向商界主流。

度过创业期的野蛮生长后，阿里巴巴在2010年提出了"新商业文明"的概念。在马云看来，旧的商业文明时代是企业以自己为中心，以利润为中心，而不是以社会为中心。21世纪将是利用互联网的特性倡导新商业文明的时代，企业将不再以赚取利润为最高目标，而是以实现社会价值的最大化为目标。

在这一目标之下，阿里巴巴提出了新的十年计划——服务1000万家中小企业，解决1亿人的就业问题，打造10亿人的消费平台。而在这一目标背后，有开放的企业文化、多元的培训策略、电子商务人才培养等作为支撑。

为了创造最有幸福感的企业，阿里巴巴在2011年推出了30亿元的"iHome"置业贷款计划，向员工提供无息住房贷款；同时，投入5亿元成立教育基金，解决员工子女的学前和小学教育问题；考虑到CPI（居民消费价格指数）上涨压力，还给基层员工发放超过4000万元的一次性物价和子女教育补贴。

通过阿里巴巴的文化演进，即使用功利化视角审视，员工收益都是最大的：这不是一种短期的受益行为，而是一种长期的投资，甚至是一种美好生命年华的投资；这不仅仅是一种物质财富的回报，更是一种精神财富的创造，员工最本原、最美好、最宝贵的精神得以保留和延展，后者更是员工一辈子的珍存。

生活在一个物质时代中，消费主义无时无刻不在我们身边徘徊诱导，急功近利的商业逐利也在喋喋不休……而阿里巴巴却给我们提供了一种新的视角。企业财富精神、企业幸福精神，而不是企业资本精神，对我们有更长久的意义。

老板如何解放自己的身、心、灵

乔布斯说过：“你的时间有限，所以不要为别人而活。不要被教条所限，不要活在别人的观念里。不要让别人的意见左右自己内心的声音。最重要的是，要勇敢地去追随自己的心灵和直觉，只有自己的心灵和直觉才知道你自己的真实想法，其他一切都是次要。你是否已经厌倦了为别人而活？不要犹豫，这是你的生活，你拥有绝对的自主权来决定如何生活，不要被其他人的所作所为所束缚。给自己一个培养自己创造力的机会，不要害怕，不要担心。过自己选择的生活，做自己的老板！”

1. 老板感到很累的原因

在现实中，有些老板把权力看得过重，把权力牢牢抓在手中，不愿意把权力适度授予下属，个人英雄主义色彩浓厚，喜欢做领袖的感觉，习惯于事事插手，喜欢一支笔、一言堂；有的老板则疑心太重，偌大的企业竟没有几个可以信任的人，对谁都不放心，自然也不会把权力授予下属。

全部权力集于老板一身绝不科学，术业有专攻，老板不是万能的，什么都管，什么都管不好。管得越多，越感到累；管得越多，压力越大。其实，概括起来，致使老板感到很累的原因不外乎以下几个。

(1) 设定的目标不对

企业发展有宏观的发展规划，每一个发展阶段也有具体的发展目标，这些具体的发展目标作为量化了的企业任务，其制订需要科学，必须按照一定的原则，即目标必须是具体的、可衡量的、可以达到的、必须和其他目标具有相关性、必须具有明确的截止期限。

而现实中，有的老板在制订目标时经常脱离了上面的原则，欲望过高，过分急功近利，有时候把目标定得过高，有时候把时间定得过短……如此，只能给自己和团队套上重重的枷锁，陷入无休止的繁忙、劳累、压抑当中。

(2) 职责不清楚

招聘时，每个岗位都有岗位职责，包括老板在内，只不过老板的岗位职责没有具体明确而已。这是因为，没有人给自己的老板定岗位职责，老板的岗位职责只能由老板自己制定，不一定会通过书面化的形式公布出来，可是在老板内心必须清晰如镜，必须身体力行。

现实中，有的老板不清楚自己的职责，做了很多本来不该做的工作，虽然进行了授权管理，可是仍然做了很多下属职责之内的工作，于是就出现了“老板忙死，下属清闲”的奇特现象。老板的岗位职责，一般说来有五方面：思考决策、计划考核、培训员工、分配任务、签署文件。除此之外的忙碌和压力，都与职责不清有关。

(3) 计划不周全

凡事预则立，不预则废。古人强调做事情必须事先做好计划，古人都明白计划的重要性，何况身处21世纪管理现代企业的老板呢？

之所以要做计划，就是要明确：在一定的时间里，要做哪些事情，先做什么，后做什么。现实中，为什么有些老板明明做了计划，还会出现手忙脚乱的情况？因为计划不周。

首先，做计划要讲究务实、科学、灵活，需要先做重要且紧急的事情，再做重要不紧急的事情，后做紧急不重要的事情，最后做不紧急不重要的事情；其次，还要考虑例外的情况，留出机动时间处理“计划不如变化快”等的突发情况。

当然，制订适合的计划，可能不是三言两语就能说得一清二楚，需要在实践中不断探索和总结。所以，有时虽然做了计划，可是如果计划不周，等同于没做计划，会忙而无序，压力重重。

（4）心态不稳定

做老板，不会只伴随着成功的鲜花和掌声，每时每刻都存在风险，经常会遇到艰难和险阻，这就要求老板必须有一个成熟的心态。

何谓成熟的心态？就是“胜不骄，败不馁”，对成功、失败、打击、风险等都有充分的思想准备，做事情有相对合理的预期，不急功近利、不裹足不前、不惧曲折、勇往直前。如果心态不稳、患得患失，自然就会感到压力很大。

（5）效率不高

对老板来说，管理不仅要讲科学，也要讲求效率，没有效率的管理，就不是真正的科学管理。同样的事情，有的老板一个小时就处理完了，而有的老板半天弄不出结果来，这就是明显的效率问题。

上面的几点足以深刻影响到老板，使其时刻处在高压和忙碌之中，得不到喘息和放松，让老板深受其害，因此，要想从心力交瘁中解放出来，就必须与下属分享权力，该授权的就授权；规划好自己的职责，该做的一定去做，不该做的绝不插手；持续提高自身素养，逐渐养成一个健康稳定的良好心态；通过不断学习、实践、探索，不断提高工作水平和管理能力。

2. 放松心灵

老板要放松自己的身心灵，对于企业只做三件事就足够了。

（1）做正确的事

要考虑哪些是正确的事，要选择正确的事来做，这叫战略流程，要做出战略选择、战略决策。

（2）用正确的人

问问自己，他们足不足以帮你实现你的这些规划与战略？如果不行，你一定会感到非常累。每个总裁，首先都要做一个好的战略管理者，其次是好的人力资源管理者。从本质上来说，一个企业的强大就是人力资源的壮大。

（3）把事情做正确

不仅要做正确的事、用正确的人，还要把事情做正确。为了让员工把事情做正确，需要一套运营流程、销售流程、执行流程。

一旦你将这三件事把握好了，就会变得越来越轻松，企业也会越来越强大；你管得越少，企业就会越赚钱。你是企业的拥有者，而不是企业的直接经营者；你拥有企业，却不被企业拥有。

如何实现“道术合一”无为而治

当今世界，市场竞争异常激烈，每一个人、每一家企业，甚至是每一个政府机构都面临着很多的、史无前例的挑战和机会。试问，个人、企业或是政府机构间竞争的实质究竟是什么？到底具备什么，才可以在这场白热化的、全球性的变革中脱颖而出？要想找到答案，或许就要读读老子的《道德经》了。其中的“知道、学道、悟道、得道”，或许对当今的管理者和企业有很好的借鉴意义。

中国的古人通常都力求溯本求源，把握事物的根本。《道德经》告诉我们：“道”是根本的原理，“术”则是分散的途径和工具。“道”是一个整体，而“术”则会分散为不同的技巧和知识；道术相通，“道”影响着人的去向，“术”推动着人的去向。领导者，既要有领导思想，也要有领导方法。只有“道术合一”才能打造出真正有力量的领导力。

有人认为“无为”就是毫无作为、消极等待，只是听从命运的摆布，其实这种认识是误解了老子的本意。老子的“无为”是一种积极无为，是一种立身处世的态度和方法，“无不为”是指不妄为所产生的效果。

从哲学角度来看，客观世界都是一个联系的整体，一切都有其运作的规律，我们要顺从这一规律，这就是老子的“不为”。当然，也要顺势而为，要在遵守客观规律的前提下，发挥自己的主观能动性。

1. 坚持科学管理

有学者认为，有效的管理应该是平淡有序的，而非轰轰烈烈的。关于成语“萧规曹随”，有这样一个故事：西汉初期，大汉集团 CEO（首席执行官）萧何创立了规章制度，在他死后，新任 CEO 曹参按照前任的成规办事，并且取得了良好的管理业绩。

在很早之前，老子就教育后人：“图难于其易，为大于其细，天下难事必作于易，天下大事必作于细。”因此，制定好的管理制度，不能朝令夕改、临时抱佛脚，更不能随意妄为。如果张总挖坑，李总填坑，一朝天子一朝臣，企业就会因为管理者的频繁更换而陷入困境，丧失机遇。

2. 善于授权管理

授权管理是企业发展之后的必然选择，企业在刚创立的初期，管理的人和事都较少，老板具备事必躬亲的客观条件；而当企业规模扩大特别是成为大型集团公司之后，老板从时间和精力上都不具备事必躬亲的条件了，必然需要将一部分权力授予别人，请别人代为管理，老板则要集中时间和精力主抓发展愿景、人才战略、协调关系、企业文化等大事。对一般事务，则要通过授权，实现无为而治。

日本松下幸之助说："我虽然是经理，可我并不是站在前头拼命工作，而是站在后面由各从业人员来替我做事。"美国国家计算机公司经理帕特森认为："一个高明的企业管理者应该是机器的设计者而不是机器的制造者。"

什么是以道管理？即通过很好的理念去管理团队。对于管理者来说，只要有很好的文化理念，员工自然会自动自发地工作，并不用过多的发号施令。现代公司的管理者可以通过引入热情向上、团队精神、服务精神、质量意识等理念让公司自动自发运作。管理者要以身作则并通过日常行为去强化它，让它成为公司上下普遍认同的理念，如此管理者的工作就可以大大简化，最终达到无为而治的目的。

没有核心价值观，有利就聚，没利就散，是无法形成文化沉淀的。管理者一定要把自己的精力放在引进正确的理念并遵守这些理念上，少去钻研控制人之类的技巧，过分玩弄权术和技巧只会使下属越来越难管理，最终使我们疲于应付。

真正的管理是：管理者引进正确的理念，自己隐身在文化中。正如老子说的"太上，不知有之，其次，亲之誉之，其次畏之，其次侮之"，最好的管理是不知道有管理者存在，其次一级的管理是大家对他歌功颂德，再次一级的管理是大家惧怕他，最差的管理是大家骂他！

如何用伟大的梦想吸引人才为你所用

每个人都有一个梦想系统，梦想系统一旦被打开，即使是平庸的人也会变得非常厉害；梦想系统一旦被关闭，即使是厉害的人也会变得平庸。所以说，人是为梦想而活的。

梦想是阳光的，它可以使人由浮躁走向踏实，由彷徨走向坚定。没有梦想的人会被有小梦想的人所吸引，有小梦想的人会被有大梦想的人所吸引。那么，你要做哪一种人呢？

人生因梦想而高飞，人性因梦想而伟大。周星驰在出演《少林足球》时曾经说过："做人如果没有梦想，那和咸鱼有什么分别？"如果马云没有梦想，就不会有中国电子商务帝国阿里巴巴；如果马化腾没有梦想，也就不会出现改变无数人交流方式的腾讯 QQ（一种即时通信软件）了。如果一个人没有理想，没有目标，那就太可悲了；当他有了自己的人生目标、人生理想时，他就会焕然一新，充满动力。

谈及梦想，不得不提雷军在北京大学的 15 分钟演讲。

昨天我在乌镇参加了全球互联网峰会，在这个会议上有马云，还有苹果公司的高级副总裁。主持人抛出了一个问题："雷军，你说你有一个目标，要用 5～10 年的时间做智能手机市场份额全球第一。"我忙着点头，我的确说过。可是，他们又问，苹果公司的高管怎么看？苹果公司的高管也很厉害，他说："Easy to say，hard to do。"（说起来容易，做起来难）虽然我的英文很差，但这句话我听懂了，我觉得很尴尬。

主持人说："雷军，你怎么想?"我冷静了一下，说："马云在阿里巴巴上市的那一刻说过一句话，梦想还是要有的，万一实现了呢? 我的演说水平远没办法跟马云相比，马云的号召力和演说水平，我是望尘莫及的。

"4 年多前，小米刚刚创业，只有十来个人、七八条枪要去做手机，有谁相信我们能赢呢? 手机这个行业的市场竞争极为激烈，谁又想过这个小公司，用了不到三年时间，就成为全中国第一、全球第三。我觉得，我们应该有这一点点梦想，梦想还是要有的。

"我的梦想是什么? 我为什么会有这样的梦想? 在我 18 岁的那一年，无意中在图书馆里看了一本书《硅谷之火》。这本书讲述的是 20 世纪 70 年代末 80 年代初，硅谷的英雄创业的故事，其中主要的篇章就是讲苹果乔布斯的。看了这本书，我非常激动，心情久久难以平静。我想，在我们中国这个土壤上，我们能不能像乔布斯一样，办一家世界一流的公司。

"有梦想是件简单的事情，关键是有了梦想以后，能不能把这个东西付诸实践，怎么去实践，你怎么给自己设定一个又一个可行的目标……在 40 岁的时候，我依然没有忘记 18 岁的梦想。虽然说，今天说的小米击败苹果为时过早，可是梦想总是要有的，万一实现了呢?"

（内容节选自雷军演讲《梦想还是要有的》，略有改编）

雷军的演讲，的确令人热血沸腾。可是，为什么很多人会空有梦想一事无成，甚至梦想中途夭折了呢? 显然存在着实现梦想的障碍。明白并且克服了这些障碍，就容易实现梦想了。

1. “寻梦”障碍

有些朋友说，我相信一定有什么事情是我特别想做的，是我一生的梦想和追求，只是我还不知道这件事到底是什么。于是，一直都在寻找梦想，不知何去何从。

《哈佛大学幸福课》中有一句话：“幸福是一个连续的过程，不存在一个节点，达到就是‘幸福’，幸福不是非此即彼的状态。”我们的确可以更清楚自己的梦想，但不存在一个节点。对于梦想来说，我们都是逐渐清晰自己要做什么。对于所有在追求梦想的人来说，每一天都在路上；每一个当下都既是探索，又是答案；每一次行动都既是过程，又是结果。

可是，“一生的梦想”是个伪命题，真正的说法是：现阶段，你最想做什么？不用绞尽脑汁思考未来十年的长远目标，因为现在的你无法给出一个属于未来的答案，给出的只是“预测”。你无法说我十年后想当一个作家，只能说我现在想当作家。

所以，当下的愿望，当下想做的事，无论大小，都是我们最该满足的——无论它是否看上去像是将要持续一生的梦想。当你实现了当下的梦想，在下一个时刻到来时，未来的你自然会明白未来的答案。今天的你无法给出明天的答案，如果问：十年后你想成为什么样的人？而这问题的关键在于：现在的你认为十年后你应该是什么样的人？

在问关于未来的问题时，我们经常会省略了隐含的前提，总是觉得看不清未来，觉得自己关于未来的想法非常模糊。其实，当你可以回答“此刻我最想做什么”时，你便已经得到了关于“人生”的答案。“人生”只存在于当下，此刻的你已经拥有了关于梦想的答案。

2. “梦想实践”障碍

为什么有些人也抱有梦想，却难以实现呢？

（1）目标太高，难以实现

比如，你的梦想是明年读完100本书，可是之前一年最多只能读20本书，而且读书速度也比较慢，那这样的目标就非常有挑战性，实现的可能性很小。这时候就要调整梦想，让它更容易实现，可以把100本减为50本，这样更容易实现。

（2）实现梦想的动力不足

也许，你每年都会把学滑旱冰放在自己的梦想清单里，但每年也没能付诸实践，这个时候，你可以问问自己：我真的想学滑旱冰吗？这真的是我明年一定要实现的梦想吗？我做这件事希望获得什么？也许，有的人只是希望培养自己在运动中的自信，也许有的人只是希望在比赛时能够露一手……想想看，这些目的对自己内心的触动足够强大吗？如果触动非常强，行动力就会高一些；如果不够强，目标实践起来也会困难很多。

（3）缺乏持续行动力

很多人开始的时候都信心十足，但是做做停停，年底一看，收获堪忧。当你试图“坚持”一件事的时候，其中一定隐含了一些让你无法坚持的内容。只要把自己比较难“坚持”的换成让自己舒服的，自然会增强实现梦想的行动力。

比如，有人一直想练习瑜伽，可是无法坚持每天晚上都去瑜伽馆练习。其实，如果把练习瑜伽的时间调整一下，如果把学习瑜伽的方式变为看视频学习，是很容易坚持下去的。

此外，如果掌握一些提高行动力的方法，实现梦想之路走起来也会顺畅许多，比如，将梦想分解成小而明确的目标，给自己达成目标设置一些极具诱惑力的奖励。

格局多大，事业就有多大

一直以来，很多人都不敢相信自己可以拥有幸福、富足的生活。看到自己微薄的工资，一边抱怨着社会环境如何不公，一边指望着自己不做任何改变就能获得飞来横财。可是，世界第一催眠大师马修·史维告诉我们："你的格局一旦被放大之后，再也回不到你原来的大小！"

如果我们的格局是一个杯子的大小，那么最多只能装一杯子的水。换句话说，如果能把心中的这个杯子变成一只桶，可以装的水就变多了；如果把桶变成浴缸，变成游泳池……当格局越来越大的时候，装进去的东西就会越来越多。因此，在定目标之前，还有一个重要的工作要做，那就是：放大你的格局！

有一次，在安东尼·罗宾的课堂上，他要求学员写下目标，且不要有任何的限制。

有一个年轻人非常贫穷，可是他非常喜欢海洋，他写的目标是：我一定要拥有一艘属于自己的游艇。写完了之后，他自己都觉得很好笑，这个目标怎么可能实现呢？就是一辈子也实现不了啊……

一回到家，他就跟女朋友聊起了这件事，女朋友也取笑他说："如果你有游艇，要带我到海上开一开。"一个星期后，突然之间蹦出来一个亲戚，那个亲戚非常富有，快要死了，临终前说要送给他一艘游艇。

不要以为这是讲童话，这是真人真事。

世界股神巴菲特说："全世界最厉害的力量叫作想象力，但最恐怖的力量叫作复利，复利可以让你的钱越变越大，大到你无法想象的地步。"如果你想完成伟大的目标，就要投入足够多的金钱。很多人之所以不敢设定非常巨大的目标，是因为他自己没有钱。当你知道"复利"的力量时，就不用担心了。

第七章 解码超级营销

有一句话叫作，成功一定有方法。比尔·盖茨连续十几年成为世界首富，是他的运气比较好，还是他掌握了经营企业的方法？迈克尔·乔丹得过六次NBA（美国职业篮球联盟）总冠军，得过十次NBA得分王，是他的运气比较好，还是掌握了赢球的方法？安东尼·罗宾24岁成为亿万富翁，27岁成为世界第一名演说家，是因为他运气好，还是掌握了成功的方法？

那么，为什么我们还没有成功，还没有到达自己设定的理想境界？其实，只有一个原因，就是我们非常缺乏成功的方法。比尔·盖茨刚出生不会设计软件，乔丹刚出生不会打篮球，陈安之刚出生也不会演讲，所以没有成功者是天生的，所有世界上最成功的人都是靠学习而来的。

还有一句话叫作，失败一定有原因。如果你有30种成功的方法，可是你还有20种失败的习惯和原因，请问：你会成功，还是不会成功？答案是：不会成功。因为每当你用成功的方法往前走三步的时候，失败的习惯又会向后退两步，自然无法成功。所以，研究成功的最好方法是研究一个人为什么失败，然后把这个失败的原因摒除掉，学习成功的方法。

曾经，一本杂志对华人首富李嘉诚进行了访问，他们问李嘉诚：57年来，你做过数十种行业，经营的区域有几十个国家，你有没有亏损过？

他说没有。57年来他的公司没有亏过钱，他的个人资产从来没有今年比去年低。

记者问他：你是如何做到的？

李嘉诚说，他90%的时间在研究失败了后该怎么处理。如果你花90%的时间避开了所有可能失败的理由，请问你是不是已经非常接近成功了？

可是，一般人总是想找成功的方法，李嘉诚说：我们先把失败的原因全部研究一遍，当他研究失败的时候，他已经立于不败。所以连续57年只赚不亏的人，他的思维模式跟我们一定不一样。

一切营销都是在营销自己

在推销中，如果想要让顾客接受你所推销的产品，必须先让其接受你这个人。在推销中，单纯的推销商品，也许你会成功，但仅仅是一次；如果能够先推销自己，让顾客心甘情愿地去因为你而购买你的商品，那才是高水平的营销。

资料显示，世界上80%的富翁都曾经做过销售员，但大部分的销售员却终其一生，碌碌无为。前者如今功成名就，后者却仍然为了生计在不停地奔波。是什么造成了他们之间如此大的差异？高尔基在《在人间》里，描述了两家店铺推销圣像的情节：

> 一家店铺的小学徒没有什么经验，只是向人们说："……各种都有，请随便看看，圣像价钱贵贱都有，要定做也可以，各种圣父圣母都可以画……"尽管他喊得声嘶力竭，可是仍然很少有人咨询。
>
> 另一家店铺的老板同样也是在叫卖，可他的说法却截然不同："我们的买卖不比羊皮靴子，我们是替上帝当差，这当然比金银珠宝贵，是无价之宝……"结果，许多人都被吸引了过来。

同样是销售圣像，效果怎么会如此不同？这就是用心的差别了。小学徒没有经验，只能用平淡、刻板、冗长的语言平铺直叙；而老板则老到许多，他针对基督徒敬仰上帝的心理，把自己说成是"给上帝当差"，用心独到，自然会受到欢迎。

LV（路易威登）专卖店，一位年轻的女士看中了当季最新的一款皮包，价值3万元，她喜欢得不得了，正准备付款，突然又犹豫了，便问导购小姐："我是不是太冲动了？"

导购小姐陷入了两难，如果承认她冲动，那么是否意味着她就应该再深思熟虑一下呢？如果否定这是冲动，不是明显与事实相悖吗？她毕竟是久经考验的销售高手，于是沉着地回答："当然是冲动了！哪个买LV的不冲动呢？可LV就是打动人心。您有为您的冲动埋单的财力，还有多少人有这个冲动却没有能力支付啊！您说对吗？"

女士边听边频频点头，连连说对，于是便毫不犹豫地付了款。

如果这位导购小姐在回答时不用心，而是按照顾客的思路走，那么不管她回答"是"或者"不"，这桩买卖恐怕都做不成了，而她却凭借自己用心的解释，使这次"不可能的任务"变为了可能。所以说，靠腿靠嘴，是很难真正打动大客户的，关键是要用心。只有多花费一些心思，才能准确细致地把握客户的真实心理，否则很容易陷入自以为是的泥潭。

看不透客户需求，就很难得到强有力的支持。要想说服对方，就要有针对性地满足对方的需求，产生认同心理。在正式进入商品介绍之前，除非你已经掌握了客户目前现况和需求，否则就要先完成"询问"工作，找到客户"需求所在"，引导你和客户朝着正确的方向进行沟通交流。

如果没有了解"客户的需求"，就直接进行商品介绍说服，怎么能获胜？超级业务员一般都懂得，在互动过程中，要不断使用"询问"的技巧。要想在销售过程中得到更多的实用信息，最有效的方式就是用心去“询问”。

只有通过“询问”，才能对客户的需要有一个清楚、完整的了解。当然，在这个过程中，共涉及三个关键词：“清楚”“完整”和“共识”。

1. 清楚

如果不清楚对方具体需要什么，就会一厢情愿或胡言乱语。只有知道了客户的具体需要，以及这个需要对客户的重要性，才会瞄准目标；反之，就很难打动对方的心。

2. 完整

如果信息完整，就不会“无的放矢”，就会知道“投其所好”，知道该向客户推荐什么。在“询问”时，要清醒地了解客户“需要背后的需要”，要完整地了解客户的需要信息。

客户的需要是多元性的，要进一步了解哪一个需要对他是最重要的。只有掌握了需要的优先次序，才能知道要推荐什么，进而说服客户。

3. 共识

如果没有共识，驴唇不对马嘴，就是自说自话，“猜”客户的需要，是无法把握客户的需要的；只有用心“询问”，才能让客户说出来，才能获得真实的材料。这样，在双方“达成共识”的情况下，你才能根据客户的需要，为其做出针对性的建议或推荐。

营销不仅是一份技术性工作，也是一份智慧性工作。既然是一份智慧性工作，就要用心，就要在不同情况下制定出不同的营销策略。

相传1915年，在巴拿马万国博览会上，我国的贵州茅台酒由于包装简陋，备受冷遇，虽然酒不错，却没有得到人们的厚爱。眼看就要无功而返，情急之中，中国参展人员在展览大厅里故作失手，将一瓶上好的茅台酒掉在地上。

酒瓶砰然碎裂，酒香四处飘散，周围的外商啧啧称赞。这一记奇招，不仅征服了外商，也征服了巴拿马万国博览会，茅台酒荣获了大奖，从此走向了国际市场。

这就是一个相当机智、相当高超的营销策略。由此可见，有的时候，销售人员不仅要具备必备的基本功，还应该随机应变地使用营销策略。

当然，任何销售策略都是针对客户的心理去的。所以，针对不同的客户心理，可以采用不同的销售策略。中国消费者通常都喜欢按照“情、理、法”的顺序来评价商家的行为：相对于违法行为，消费者的评价会更差。因此，即使有一流的技术和可靠的产品，但不懂得做人，也是无法赢得消费者的；不懂世故人情的销售人员，成功的可能性也会减小。

高手永远站在对方的角度考虑问题

在营销过程中，很多人总会以自己为中心，喜欢站在自己的角度去看客户，却很少从客户的角度去想，毫不顾及客户的感受。其实，我们更需要具备一种换位思考的能力，一种将心比心的能力。毕竟，与人方便，就是与己方便；宽容了别人，就是善待自己。

商场上，人们都在追求利益。如果能够考虑每一个人的切身利益，让利益出面调动别人，就能使生意向着有利于自己的方向发展。还有什么比利益更能调动别人的？真金白银的威力要远胜于空洞的说教。只有从对方的角度出发，抓住对方的利益点，才能牢牢地把握主动权，或者投其所好，或者打其软肋，自如应对，稳操胜券。

丘吉尔曾经说过："我们没有永恒的朋友，也没有永恒的敌人，只有永恒的利益。"利益，永远是调动一切的积极因素；利益，永远让别人替你着想。对于这一点，世界著名的富翁摩根领悟得非常透彻，他清楚地知道，如何利用利益来挣钱。

在摩根一生中，有过很多合作伙伴。在各行各业，争着想与他合伙做生意的人不计其数。可是，在这样有利的情况下，摩根还是坚持给每一个合作伙伴非常优厚的条件。

通常情况下，摩根和合作伙伴的利润分成都是四六分成，摩根四成，别人六成。有位朋友向他建议："既然有这么多人愿意和你合作，你拿六成也不过分，最少也要五五分成呀!"

摩根笑着回答说："我拿六成，没有多少人会和我合作；但我拿四成，几乎所有的人都抢着与我合作。单个看，我似乎吃了亏。可是，总体上看，我获得了多少个四成啊!"

站在对方的位置上，为别人着想，同样的事情，也发生在华人首富李嘉诚身上。

洪小莲是李嘉诚的手下，跟了李嘉诚20多年。在谈到李嘉诚的合作风格时，洪小莲这样说道："只有照顾对方的利益，这样人家才愿与你合作，并不止一次合作。凡与李嘉诚合作过的人，哪个不是赚得盆满钵满的?"

李嘉诚曾说:"人要去求生意就比较难,生意跑来找你,你就容易做。如何才能让生意来找你?那就要靠朋友。如何结交朋友?就要善待他人,充分考虑对方的利益。"在生意场上,李嘉诚从来都只有朋友没有敌人,这不能不说是一个奇迹。

其实,做销售就是做服务。世界上最伟大的推销员乔·吉拉德说:"销售游戏的名称就叫作服务,尽量给你的顾客最好的服务,让他一想到和别人做生意就有罪恶感……重点并不在于你销售什么东西,当你真的想要服务于你的顾客时,他们会感觉得到,而你也会因此避免顾客拒绝购买你的产品的现象。"

业绩好坏的差别,不在产品本身,服务才是主导因素。如果你提供的服务良好,从事销售工作两年以后,你的生意将有80%来自现有顾客;无法提供良好服务的推销员,怎么能够建立稳固的顾客群?怎么会有良好的声誉?

从另一个角度讲,营销就是获得消费者的心。如果你懂得热心关怀消费者,即使消费者此次不买你的产品,他也会记住你的真诚、你的关怀。有需求时,就会第一时间想起你。

一天下午5点钟,一个客户洗衣服时,发现洗衣机发生了故障。洗衣机的维修点接到电话投诉时,答应半小时内赶到。

在接听电话时,维修人员无意中听到了客户孩子的哭闹声:"妈妈,我痒……"这时,客户道:"不要哭了,越哭痱子越多,等会儿妈妈给你去买痱子粉。"

半小时内,维修人员就来到了这个客户家。当然,他对客户说的第一句话就是:"不用去买痱子粉了,我已经给你带来了。"这位客户不解地问："你怎么知道的？"维修人员说："是我在电话里听到的。"客户恍然大悟，心里充满了感激，心情也好了很多。

在这个故事中，所做的服务与产品价值是没有太大关系的，甚至根本无关。可是，正是这样的服务，不仅赢得了客户的信任，更使客户有一种精神上的满足。

做销售就是做服务。现在，虽然付出了很多努力但依然赚不到钱的原因有两个：一是你服务的人数不够多；二是你服务的品质不够好。不要总是推销产品，要想办法为更多的人提供更好的服务。销售就是服务，而服务就是爱。

张瑞敏说："用户的抱怨就是企业最好的礼物。"用户的抱怨，不仅能帮助我们修炼自身，还能帮助我们改进产品和服务。用爱的服务，才能换来爱的忠诚。古希腊诗人西塞罗说："付出你的爱吧，让它生根、成长，这样你才能收获果实啊！"所以，高手永远都会站在对方的角度考虑问题，道理就在于此。

按照客户喜欢的方式对待他

征服他人的极致状态，不是打败了他或消灭了他，而是俘获他的心。在这种状态下，他就不再是你的客户了，而是一个心甘情愿为你做事的忠实支持者。可是，说起来容易做起来难，让客户感动并不是通过一两日的修炼可以达成的。

销售是一份和人打交道的工作，既然要做人的工作，就必须深入了解工作对象的深层次需求或喜好，只有对症下药，才能取得良好的效果。所以，真正的销售高手都会把功夫下在对客户的研究上。在这里，举几个例子，以期抛砖引玉。

政府官员，这个群体比较难对付。有人说过，中国最优秀的人才全部集中在政府，所以跟这些人打交道，就要动一下脑筋。比如，面对政府客户，要帮他实实在在地考虑如何树立政绩。另外，如果能让他从你身上看到他过去的影子，就很可能会获得他的垂怜。这样，不但能做好销售，还能结到忘年交。

企业老板，这个群体一般都不太容易说服。大凡成功的企业老板，思考问题的时候一般都比较冷静，不太会因为销售人员的巧舌如簧而改变观念。面对他们，要有老板思维，为老板设身处地地考虑，那么你的成功就是迟早之事了。

各级职员，这个群体通常都有一定的岗位职权，却又受到各方面的制约。所以，当面对这个群体时，一定要体会他们的难处，让他们对上下左右都有个交代。当你努力把他们的担心都稳妥地解除之后，你们的合作就实现了。

当然，最关键的是，你的本性必须是善良的。只有每时每刻都在设身处地地为别人考虑，才能真正感动别人；如果只是通过要手段去实现“感动”，早晚会“露馅儿”。因此，还是那句老话，“汝果欲学诗，功夫在诗外”，做好销售最终的要旨，还是要学会做人。

攻心之术之所以有效，是因为自己比别人站得高。只有站得高，才能屈己就人，如果自己有着很强的执着心，就无法看清别人的心思，自然也就不能因势利导。

古人讲“圣人无常心，以百姓心为心”。即使达不到圣人的境界，也要往这个方向努力。以高出常人境界的智慧来搞销售，远胜于常人，这也是不争的事实。

美国汽车大王福特说过这样一句话："假如有什么成功秘诀的话，就是设身处地替别人着想。"IBM 公司的副总裁曾经说过这样一句话，"我们不是卖硬件，我们卖的是解决问题的方法"。有问题才有销售，销售的目的就是帮助客户解决问题。

客户一般都不了解产品的特点和功能，可是对能够解决自己的问题、减轻自己的痛苦的功能却十分感兴趣。销售的重点就在于，关注客户的痛苦或他们渴望解决的问题。只有为客户着想，帮助客户解决问题，客户才会接受你、信任你、欢迎你。

概括起来，可以将销售人员的工作姿态分为三个层面（如下表所示）。

销售人员工作姿态

层次	说明
下等销售层次	只考虑自己一亩三分地的利益，不考虑客户的实际困难，整天催客户增加采购量，而不考虑要使客户销售增长自己应该为客户做哪些工作
中等销售层次	懂得掩饰自己，常常假惺惺地关心客户，蜻蜓点水般地走访市场，用花言巧语和沟通技巧构成陷阱，诱骗客户就范，获得利益后暗暗窃喜
上等销售层次	坚持从客户的利益出发，为客户着想，帮助客户获得利益；同时，不忘公司利益，专业、敬业、正直，赢得了客户发自内心的敬重，即使短期内销售出现困难，客户也不会弃公司而去

在市场竞争越来越激烈的今天，在进行销售人员销售技巧培训时，如果将"如何把梳子卖给和尚"设定为主题，以能拥有将梳子卖给和尚的技巧为荣，其结果必然误导销售人员。不诚心为客户着想，将客户视为斗智的对象，无论其销售技巧有多专业，沟通能力有多强，最终总会失败。把别人当傻瓜的人，自己才是真正的傻瓜。

在过去，光大依波表所开展的销售只是销售商品，从 2002 年年底全面推行顾问式销售后，销售人员不仅会售出能打动人心的亲情式服务，还提供专家销售服务。

一天下午，一对中年夫妇来到武汉分公司专销员小刘的柜台前。“欢迎光临依波专柜，两位看看什么类型的表，我可以帮您介绍一下？”小刘热情地招呼道。

“我们想给年纪大的人买块表。”两位边看边回答。“您是送给父亲吗？”夫妇点点头。

小刘快速地拿出新款147系列。女士的目光停留在灰色底盘的表上，小刘看出她比较满意这种颜色，而且对所介绍表款的特点也很中意。于是，进一步问：“您知道，上年纪的人眼睛可能不好，不知道您父亲的视力怎样？”小刘停顿了一下，“如果老人眼神不错，就可以选灰色的，因为这种色泽让人觉得有深度、有品位。不过，老人们的视力一般都不太好，多半会选择白色底盘，看的时候不费力，您认为呢？”

一时的沉默，女士犹豫着：“我也不知道选哪种颜色了，两种都不错。”“没关系，我推荐您送最保守的一种——白色，看起来既清晰又明快，而且一目了然。如果老人不喜欢再来换颜色，您说行吗？”

“好，就听你的，我想这个颜色会适合他的。”就这样，生意成交了！

小刘的关心让顾客体会到，他的真诚是发自内心的，顾客从心里接受了他的关心和真情。其实，让顾客从心里感受到这种关怀的，并不是商品的物质交易，而是销售人员对老年人适合戴什么手表一清二楚，完全是站在客户角度来介绍产品的。

销售就是信念的转移

一位伟大的销售员曾经说过：当你让一个人了解他自己的需求是什么时，剩下的他会自己努力去得到。所以，销售最伟大的境界不是把商品卖出去，而是让对方觉得非买你的商品不可。

经验告诉我们，能在第一次拜访中就做成生意的比例只占5%。优秀的销售人员都会在日常工作中，不断地掌握跟进的方法和技巧，不断地积累潜在的客户资源，将销售量越做越大。

在销售中，还要学会许多变通方法，也要不断地总结自己的经验。举一反三，无师自通才是销售的最高境界。

引起客户的注意并不等于销售，引起客户注意的最终目的是要将注意力转变为购买力。要想有效地激发客户的购买欲望，就要对各类客户做好认真研究，迅速判断出客户属于何种类型，应采用怎样的策略让客户跟着你动起来。

1. 从容不迫型

这类客户通常都严肃冷静、遇事沉着，不容易被外界事物和广告宣传所影响。对于销售人员的建议，他们会认真聆听，有时还会提出问题和自己的看法，但不会轻易做出购买决定。

对此类客户，销售人员必须从熟悉产品特点着手，应用层层推进引导的办法，多方分析、比较、举证、提示，使客户全面了解利益所在，获得对方理性的支持。与这类客户打交道，销售建议只有经过对方理智的分析和思考，才有被对方接受的可能；如果拿不出有力的事实依据，不能进行耐心地讲解，这样的推销就是无效的。

2. 豪爽干脆型

这类客户通常都办事干脆豪放，说一不二，慷慨坦直，但往往缺乏耐心。和这类顾客打交道的时候，必须掌握火候，使对方懂得攀亲交友胜于买卖；介绍时要干净利落，不要绕弯子。

3. 优柔寡断型

这类客户的一般表现是，对是否购买某件商品犹豫不决，即使决定购买，但对于商品的品种规格、式样花色、销售价格等又会反复比较，难以取舍；他们外表温和，内心却总是瞻前顾后。

遇到这类客户的时候，销售人员要冷静地诱导客户表达出所疑虑的问题，然后根据问题做出说明。等到对方确实已经产生购买欲望后，可以直接采取行动，促使对方做出决定。比如："那么，我们明天给你送货，你方便吗?"

4. 自我吹嘘型

这类客户虚荣心一般都很强，喜欢在别人面前炫耀自己。与这类客户打交道的时候，要从客户熟悉的事物寻找话题，适当利用请求的语气，当一个"忠实听众"；而且，要表现出羡慕钦佩的神情，满足对方的虚荣心。

5. 喋喋不休型

这类客户通常都喜欢凭自己的经验和主观意志判断事物，不易接受别人的观点。面对这类客户的时候，要有足够的耐心和控制力。当客户情绪激昂、高谈阔论时，要给予足够的时间，切不可在客户谈兴正高时贸然制止。一旦双方的沟通进入正题，就要让其自由发挥，直至对方接受产品为止。

6. 沉默寡言型

这类客户一般都老成持重、稳健不迫，对其进行劝说，虽然也会认真倾听，但反应一般都冷淡，不会轻易说出自己的想法。

一般来说，遇到这种客户的时候，销售人员都不要讲得太多，要尽量给对方提供讲话的机会和体验的时间，要表现出诚实和稳重。特别要注意谈话的态度、方式和表情，争取给对方留下良好的第一印象。

7. 吹毛求疵型

这类客户通常都怀疑心重，不信任销售人员，认为销售人员只会夸张地介绍产品的优点，会尽可能地掩饰缺点。所以，这类客户不会轻易接受他人的意见，喜欢鸡蛋里面挑骨头。

与这类客户打交道的时候，要采取迂回战术，先与他交锋几个回合，但必须“心服口服”地宣称对方高见，让其将自己吹毛求疵的心态发泄之后，再转入正题。一定要满足对方争强好胜的心理，请其批评指教。

8. 情感冲动型

这类客户对于事物的变化，通常都反应敏感，情绪表现不稳定，容易偏激。面对此类客户的时候，要采取果断措施，不要碍于情面，必要时可以提供有力的说服证据，强调给对方带来的利益与方便；要大胆做出成交尝试，不给对方留下冲动的机会和变化的理由。

9. 虚情假意型

这类客户在表面上十分和蔼，但缺少购买的诚意。如果销售人员提出购买事宜，对方或者顾左右而言他，或者装聋作哑。面对这类客户的时候，要有足够的耐心，同时要提出一些优惠条件供对方选择。

对于产品价格，这类客户总是认为，销售人员一定会报高价格，所以一再要求打折。如果你轻易答应了对方的要求，就会进一步动摇其购买的欲望。

10. 冷淡傲慢型

此类客户通常高傲自视，轻视别人，凡事自以为是，自尊心强。他们不易接近，但一旦建立起业务关系，便能够持续较长的时间。接近他们的时候，最好由熟人介绍。

业绩爆炸式增长的秘诀

法国文豪巴尔扎克借助笔下人物，说过一句既幽默又犀利的名言：“你要打天堂的主意，就要看准上帝下手。”的确，要想实现业绩的爆炸式增长，就要具备业绩爆炸式增长的智慧。

市面上介绍销售的书，可谓汗牛充栋，车载斗量。但是，并不是把它们都通读一遍，就能够立地开悟。正如庄子所言：“吾生也有涯，而知也无涯。以有涯随无涯，殆已；已而为知者，殆而已矣。”以销售为例，销售理论和知识固然重要，但也不过是理论和知识而已。如果想把这些理论和知识运用好，不仅要有一个实践的过程，还必须解决境界和智慧层面的问题，而这才是最重要的。

要想解决境界和智慧层面的问题，普通的理论和知识肯定是不行的，需要懂得比这些更高的道理。营销产品或者服务的背后，其实是在营销人心，也就是让客户的心，合上你的心的节拍来共振。能够与你心心相印、同频共振的客户，自然可以予取予夺、随心所欲。

可是，人家凭什么要与你心心相印、同频共振呢？首先，需要的就是你值得人家心甘情愿地与你共振。因此，要把自己的这颗心修养好，使之具备强大的能量，具备征服人心的本领。如果一个人的心连自己的主都做不了，怎么能征服别人的心？

只要理顺了自己这颗心，自然就知道，需要学习和补充哪些销售知识、技术和能力；只要理顺了自己这颗心，自然就知道，大客户想什么问题、怎么想问题；只要理顺了自己这颗心，也就知道了，如何去理顺大客户那颗心。这就像上学一样，不是读几本书就可以包打天下了，而要通过读书学会学习，最终搞明白读书的目的。

把握客户营销的终极秘诀，实现业绩爆炸式增长，绝非书呆子型的销售人员所能做到的，而是智慧者之事业。要知道，人类之所以千差万别，最重要的原因就是做事情的决心和勇气不同。

有一个人，在很小的时候就梦想拥有很多的财富，立志成为百万富豪。

七岁的时候，这个人生了一场病，生命垂危。可是，他头脑中想到的并不是死亡，而是成为富翁的愿望。他在纸上写下一大串数字，并对照顾他的护士说："我现在虽然没有很多的钱，可是总有一天我会很富有，我的照片也会出现在报纸上！"

现在，这个人已经成为全世界顶级富豪之一，拥有的财富已经达到160亿美元。是他的决心和勇气，最终让他把理想变成了现实。这个人就是世人皆知的“股神”沃伦·巴菲特。

销售是挑战性最强的职业之一，要把商品或者服务销售给别人，就会遇到各色各样的人。但是，优秀的销售人员既不会害怕客户的拒绝，也不会畏惧竞争者的挑战，不管做任何事都会全力以赴。他们会利用自我激励帮助自己调整心态，从而勇敢地面对挫败。

舒斯特是美国保险推销界的推销大王，在保险推销界取得了卓越的成就。当他第一次踏入推销领域时，也曾遭遇到很多挫折和困难。可是，一次失败的经历，给了他一生中最大的启示。

有一天，舒斯特到一家工厂拜访一位老板。那位老板正埋头于工作中，当舒斯特作了自我介绍并且说明来意后，他显得很不耐烦，挥挥手说：“推销保险，我不需要！”

这句话严重伤害了舒斯特的自尊心。舒斯特一个人漫步于街头，信步走到一个公园，独自坐在冷板凳上反省，心想：“自己到底适不适合当推销员？”越想越觉得气馁。

这时候，一声“哎哟”引起了舒斯特的注意。原来，有两位小朋友在练习溜冰，一位小朋友不小心跌了个四脚朝天，却什么事情都没发生似的自个儿爬了起来。

在好奇心的驱使之下，舒斯特走上前去，问：“小弟弟，你不怕疼吗？”男孩却若无其事地回答说：“我只想把溜冰学好，跌倒了，不算什么，爬起来不就行了。”

舒斯特在旁边观看了好一会儿，发现另外一个孩子溜得很好，便问他：“小弟弟，你为什么溜得这么好呢？”这个孩子一本正经地回答说：“这有什么好奇怪的呢？我已经练了4年了！”

听了两位天真烂漫的小朋友的回答，舒斯特不禁十分感动。同时，他也受到了很大启发。一点也不错，跌倒了，再爬起来就是了！只要肯下功夫，一定能够成功。

第二天，舒斯特又来到了昨天碰过钉子的工厂拜访。首先，舒斯特告诉老板，他是为昨天冒昧地打扰专程来致歉的。那位老板看到舒斯特如此客气，态度比昨天好多了。舒斯特趁机向他请教："如果贵工厂的职员在外面遇到了困难便退缩的话，您还用不用他?"

这位聪明的老板立刻会意，他请舒斯特坐下，并且和舒斯特聊了起来。最后，舒斯特成功地拿到了这位老板的订单。从此，舒斯特便不断地告诉自己："推销是从拒绝开始的。"他勇敢地面对一次又一次的拒绝，直到成为美国的保险推销王。

表面上看，舒斯特的成功靠的是自我激励，靠的是拿下大单的决心和勇气；而实质则是，他克服了内心的懦弱和胆怯。

在社会这个大染缸里浸泡，每个人都会养成各种各样的执着心，比如懦弱、胆怯、虚荣、嫉妒、冷漠……这些东西不仅会让我们难以正确地接人待物，还会阻碍我们人际交往的正常通道。只有把这些东西去除掉，才不会再有心理障碍，做起事情来自然会游刃有余。

哪些恶习会导致销售失败

如今，大多数销售人员都会思考这样一个问题：如何取得销售成功？而很少有人会去想：哪些不良习惯导致了销售的失败？为了帮助大家做好销售工作，在这里给大家介绍导致销售失败的八大恶习，以供参考。

1. 见小利而忘大义

这样的人一般都喜欢投机取巧，经常会骗取正常收入以外的小利，例如虚报差旅行费、公关费、导购员工资或奖金等。

在差旅费用的使用上，企业与销售人员之间经常会有一些制衡与反制的手段。有些业务人员，每月出差只住澡堂，不是他们有洁癖，而是住澡堂便宜，一般过夜费用在30～50元。而稍微好点的企业住宿标准都在200元左右，于是一月下来，仅虚报住宿费用就有四五千元。

对于差旅费用，有些企业采取实报实销但制定上限的方式，有些企业采取包干的方式。不管何种方式，都是为了降低成本，希望业务人员如实填报差旅费用。可是，有些业务人员则为了贪图小利，虚报差旅费用。

2. 萎靡不振，怨天尤人

有些人言语之间，都是负面思维，喜欢有意或无意地传播负面消息。据心理学家说，人每天都会产生成千上万个想法，但每天固定的想法就只有几个。一个拥有负面想法的人，不仅无法胜任工作，也无法面对生活，他的言谈举止必然也是消极的。

消极的习惯是一种病毒，还容易传染给别人。如果你发现自己天天抱怨“自己天生不是销售的料、我是不思进取的人、我讨厌拜访客户、我害怕被拒绝、我的老板有问题”，那就说明你就要误入歧途了。

3. 不务正业，飞短流长

有些人喜欢飞短流长，工作的时候，不将时间放在正事上，整天打听和传播未经证实的小道消息。只要是正事以外的“婚丧嫁娶、人事升降、机构改革、新来旧走”，无不是这些人关注的对象。一有风吹草动，他们便会优哉游哉地四下串联，相互讨论。这样做，不仅会消磨时间，还会降低士气、耽误正事，于人于己都无益。

有道是，好事不出门，坏事传千里。小道消息也是如此。有进取心的营销人通常都会严格要求自己，将自己的精力放在学习与工作上，对于小道消息都会采取听之任之、一笑了之的态度。所谓谣言止于智者，也是这个道理。

业务人员不务正业，既有主观原因，也有客观原因。当然，任何事情还是人的因素占第一。不务正业的销售人员，通常都没有严格自律的精神与高度的责任感，大多抱着“做一天和尚撞一天钟”的态度行事。

4. 上下欺瞒，渎职腐败

上下欺瞒是一种基于个人私利考虑后的有选择地传达信息的方式，会让企业的执行力大打折扣。假设企业信息每个环节的传达率与执行率是 90%，经过四个环节后，最终的有效到达率也只有 65% 左右。这还是相对客观数据，不扣除主观私利的恶意歪曲信息。

而渎职腐败，就有可能涉及法律层面的问题了。渎职腐败在营销界不是一个孤立的现象，只是这个问题还没有大规模地浮出水面而已。有些营销人进企业的目的不是放在正道上，而是一门歪心思，净想着挣得盆满钵满之后溜之大吉，再寻找下一家可以下手的单位。

5. 不计后果，虚假承诺

相信从业很久的销售人员都会意识到一个特别头痛的问题，即经销商的遗留问题。遗留问题是怎么造成的？60%以上都是销售人员不负责任的承诺造成的。造成虚假承诺的原因很多，比如，酒后胡言乱语、受人小恩小惠、骗取客户回笼等。

当然，有些“虚假承诺”也不是完全虚假，只是业务员与经销商的关系不错，业务员对经销商的口头承诺，客户基于对业务人员的信任，也就相信了。实际上，业务人员并没有欺骗的恶意。但人算不如天算，公司的政策往往一日三变，这就会造成业务人员的承诺变成无法兑现的空头支票。

6. 习惯忽悠，好为大言

有些销售人员说得多，做得少，是典型的“三拍”人员，即事前拍脑袋（随便决策、轻易许诺），事中拍胸脯（盲目乐观），事后拍屁股（走人）。

销售人员中，还有一类“福星高照”的草包销售人员。乍看业绩，还以为其精明强干，实则“草包”一个，脑满肠肥、肥头大耳、巧言令色、油嘴滑舌。死的能说成活的，没做过的事经他们的嘴巴一“忽悠”，大都有“置身其中”之感。

7. 乡愿情结，拉帮结派

有些人喜欢拉帮结派，表面上讲究江湖义气、哥俩好，其实是在刻意营造自己的小圈子。对于圈子以外的人，要么老死不相往来，要么严防死守，要么打击报复。这些朋友圈都是纯以个人的私利结成的，而不是从公司的整体利益出发团结所有公司成员。

8. 声色犬马，丧失操守

销售行业的特色之一是诱惑特别多，比如“声色犬马”，有限的“声色犬马”是生活的调味剂。作为商业应酬，可能无可厚非，但要把握好自己的分寸。如果乱了性子，就会沉迷于声色，最终害人害己。

第八章

解码心灵

我们常常说，要做一个有心人，那什么是心？心是什么样子？有什么特点？有什么属性？我们了解吗？可能平时都觉得太熟悉，忽略了它；或者，因为它离我们太近了，反而变成了灯下黑。

一个盲人，上完课，要回家。老师看到天已经很黑了，便让他打一个灯笼回去。盲人说："我是瞎子，灯笼对我没用。"老师说："你看不到，用不着灯笼。但别人看见你，就可以让开啊。"于是，盲人便打着灯笼回家了。

果不出老师所料，半路上，确实和一个人撞上了，他就埋怨说："难道你没有看到我手中的灯笼吗？"对方回答说："灯笼里的那个灯已经灭了。"盲人恍然大悟。

对于一个人来说，如果找不到内在的、根本的光明，仅靠外在的光明是无以为继的。我们的心不仅存在光明与黑暗之别，还存在着开阔与狭窄之别。当我们的心量是家的时候，财富在家之间转移，这时候我们就会感到焦虑；当我们的心量是村子的时候，财富一旦突破了村，我们就会感到焦虑；当我们的心量是乡的时候，财富一旦突破了乡，我们就会感到焦虑……如果我们现在拥有天地之心，财富在国家和国家之间转移，就不会感到焦虑了。为什么？因为，心量没有边界。

我们之所以会感到痛苦，是因为经常会把很多错误的观念归到自己心里，自己感到悲观和沮丧。所以说，要想改变自己的命运，就要先改变自己的这颗心。

所有发生的都是好事

一位智者曾经说过："无论你遇见谁，他都是你生命该出现的人，绝非偶然，他一定会教会你一些什么。"所以，无论走到哪里，那都是我们该去的地方；无论经历了什么事，都是我们该经历的；无论遇到什么人，都是我们该遇见的。

一个旅行者来到河边，看到一个婆婆正在为渡水而发愁。虽然自己已经疲惫不堪，但他使尽浑身解数，毅然帮婆婆渡过了河。可是，过河之后，婆婆什么也没说，就匆匆走了。

看到老人连个"谢谢"都没说，旅行者感到很懊悔。他觉得，似乎很不值得耗尽气力去帮助婆婆。谁知，几小时后，就在他累得寸步难行的时候，一个年轻人追上了他。

年轻人说："谢谢你，帮了我的祖母，祖母嘱咐我带些东西来，说你用得着。"说完，年轻人拿出了干粮，并把胯下的马也送给了他。

不要急着向生活索要答案，有时候你要耐心等待。即使你向空阔的山谷喊一句话，也要等一会儿，才会听见那绵长的回音；生活总会给你答案，但不会立刻就把一切都告诉你。

岁月如同一棵纵横交错的巨树，而生命只是其中自由出入的小鸟。如果哪一天，你遭遇了人生的不幸，你的心不堪承受，也要等一等。要知道，这棵巨树正在生活的背风处为你营造一种春天的景象，并一点一点地向你靠近，你努力了、付出了，回报不一定会立即出现，可是只要你肯等一等，生活的美好总会在你不经意的时候来到你的身边。

当你身处逆境，感到诸事不顺，爱情、工作、事业、理想都成泡影、心生绝望之念时，也要换个角度来看问题，同时告诉自己：一切都是最好的安排！

有个国王非常喜欢打猎，尤其喜欢与宰相微服私访。国王经常会听宰相说这样一句话："一切都是最好的安排！"

一天，国王到森林里打猎，一箭便射倒一只花豹。国王下马，检查这个豹，没想到，花豹使出最后的力气，向国王猛地扑了过去，国王的小指被咬掉一截。

国王心中很不高兴，便叫宰相来饮酒。知道了国王的烦闷之后，宰相却微笑着说："大王，想开一点，一切都是最好的安排！"国王听了很生气："如果寡人把你关进监狱，这也是最好的安排？"宰相微笑着说："如果是这样，我也深信这是最好的安排。"国王怒发冲冠，派人将宰相押入了监狱。

一个月后，国王手上的伤养好了，独自一个人出游。他到了一处偏远的山林，正在寻找猎物的时候，忽然从山上冲下一队土著人，把他捆住带回了部落！原来，这些土著人每到月圆之日就会下山寻找祭祀满月女神的牺牲品，他们准备将国王烧死。

国王感到很绝望，心灰意懒。可是，最后居然却被放了。为什么？原来，祭司发现国王的小指头少了小半截，是个并不完美的祭品，收到这样的祭品，满月女神会发怒，最后他们只好将国王放了。

国王欣喜若狂，回宫后便立刻释放了宰相，摆酒宴请，国王向宰相敬酒说："你说得真对，果然，一切都是最好的安排！如果不是被花豹咬一口，今天恐怕就见不到你了。”

突然国王想到什么，问宰相：“可是，你无缘无故地在监狱里蹲了一个多月，这又怎么说呢?”宰相慢慢地喝下一口酒，说：“如果我不在监狱里，定然会陪您一起出去打猎，当土著人发现您不适合祭祀时，那岂不是就轮到我了?”

国王忍不住哈哈大笑，说：“果然没错，一切都是最好的安排!”

这个故事告诉我们：当我们遇到不如意的事时，肯定是一种最好的安排！不要懊恼，不要沮丧，更不要只看在一时，要把眼光放得长远一些，把人生视野放大。既不要自怨自艾，也不要怨天尤人，要永远乐观，相信天无绝人之路。

打开心灵的枷锁

生活中，人们通常都喜欢做加法。愿心无穷，欲望无尽，都会为自己设计出众多的目标，比如，今年买别墅，明年买宝马……别说我们这些普通人，即使是那些专事修行的人，一不小心也会迷怔。

据说，过去有个专修弥勒法门的人，经过多年的苦修，终于修了上去。到了弥勒世界兜率天的外院，看到仙女如云，风景瑰丽，便着了迷。

弥勒法门的最高境界，是进到兜率天的内院。迷在外院，当然无法进入内院，原来的修行还是没有得到正果。

这个人的境界，已经超过凡夫俗子多少层了，我们没有资格笑话他。因为欲望太多，随之而来的，就是无穷无尽的疑难、无穷无尽的困惑、无穷无尽的苦恼，很容易陷入左右为难、随波逐流的尴尬境地。

情欲、贪欲与人类的关系，可以说是如影随形。许多人就是在这上面迷失了本性、生机和盎然的意趣，表面上是在追求幸福，其实无时无刻不在丧失本性。

背东西的时候，几千斤、几万斤的东西是无法一下子就背得起来的，每次背负的越少则越轻松。加法做得越多，负担也就越重，直至压垮并迷失自己。要成功，要幸福，必须从减法做起。那么，如何来做减法呢？

1. 减除浮躁之气

社会发展得越快，崭新的东西就越多，人们的欲望也就越膨胀。现代传媒如此发达，地球上只要出现一个成功者，全世界就会迅速知道。看到那么多人要风得风、要雨得雨，有些人就容易垂涎欲滴、啧啧称羡。

当年，秦始皇巡游时，项羽看到那阵仗，便脱口而出：“我可以取而代之！”刘邦一见那排场，也喟然叹息道：“大丈夫，就应该如此！”胆量和境界不如刘邦、项羽的人则会说：“我要是也能当上皇帝，那该多好啊！”

其实，用不着秦始皇那样的大人物，稍微有点小名头、小成就的人，都足以勾起许多人跃跃欲试的欲望。这也是一种人性的必然，毕竟人们都不愿意受苦受罪，更不甘于贫穷与卑贱的命运。

追求成功与幸福，追逐各种欲望的满足，本身并没有错。可是，任何愿望的实现，都需要一定的途径和办法，都需要具备一定的能力。而要想具备卓越的能力，首先就要具备获得能力的能力，我们把这种获得能力的能力叫作境界。有境界的人，能一眼看到很多东西；没境界的人，则会望而生畏，弄得晕头转向。

浮躁的人，想要得到的东西太多，因此经常会处于惊慌失措、顾此失彼的状态。把握一件事情都有困难，更别说把握那么多没有能力控制的事情了。

要想戒除浮躁之心，就要放下贪欲、嫉妒心、争斗心。无法把控自己的人，就无法控制外界的局面。什么都想要，你把它们放在哪里？

2. 卸下虚荣之心

对于真实的荣誉，有境界的人通常都会觉得没意思。比如，居里夫人，连诺贝尔奖的奖章都肯拿出来给孩子随便玩儿。虚荣心，虽然可以带给自己一点幻想，没有任何好处，却仍有许多人将其当作珍宝。

在莫泊桑的笔下，虚荣心让玛蒂尔德付出了巨大的代价，与其为了一条“假项链”重蹈覆辙，倒不如从弥补缺陷、改变弱点做起，不断提高自己，将各种能力都真正学到手。即使真正学到手了，也不必太当回事儿：因为我们不一定是“冠军”。

布思·塔金顿是20世纪美国著名小说家和剧作家，他的作品《伟大的安伯森斯》和《爱丽丝·亚当斯》都获得了普利策奖。在塔金顿声名鼎盛的时期，他在多种场合讲过自己亲身经历的故事：

> 一次，红十字会举办了艺术家作品展览会，他作为特邀贵宾参加展览会。两个十六七岁的小女孩，虔诚地向他索要签名。
>
> 塔金顿问：“我没带自来水笔，用铅笔可以吗？”于是，他便用铅笔在小女孩精致的笔记本上，潇洒地写上了几句鼓励的话语，

并签上了自己的名字。

女孩看过签名后，眉头皱了起来。她仔细地看了看他，问道：“你不是罗伯特·查波斯吗?”

“不是，”他自负地告诉她，“我是布思·塔金顿，《爱丽丝·亚当斯》的作者，两次普利策奖获得者。”

小女孩将头转向另外一个女孩，耸耸肩说：“玛丽，把你的橡皮借我用用。”此后，塔金顿时时刻刻告诫自己：“无论多么出色，都不要太把自己当回事。”

3. 放弃以邻为壑之心

我们从小所受的教育就是：害人之心不可有，防人之心不可无。结果，总是担心别人不怀好意，于是就有了防人之心，害人之心也难保全无。

人情冷暖、世态炎凉乃是自古如此，客观地往自己的内心深处探一探，也能多多少少地见识到那副嘴脸。我们也许有很暖很热的心肠，但也必定有很冷很凉的角落。

既然同称为人类，其本质的东西也就基本相似。从根本上说，搬运夫和哲学家之间的差别要比家犬和猎犬的差别小得多。因此，我们实在没有必要背负如此沉重的包袱。如果你总是信奉“宁教我负天下人，不叫天下人负我”的观念，那么天下人就没有理由不负你。

如果我们真的能够把人生的减法做到位，就会发现，世界根本没有你认为的那么糟糕。还世界以本来面目，卸下心灵背负的所有重压，才有可能轻装前进。

你的人生本应很精彩

成功者为什么那么少？因为成功很难。可是，成功者自己又是怎么看的呢？有这样一篇文章，内容就是讲成功者怎么看待成功的。

20 世纪 60 年代，一位韩国留学生在剑桥大学主修心理学。喝下午茶的时候，他经常会到学校的咖啡厅或茶座听一些成功人士聊天。

在这些成功人士中，有的人是诺贝尔奖获得者，有的人是某一领域的学术权威，还有的人是创造了经济神话……这些人性格不同，神采各异，却都有一个共同点：幽默风趣，举重若轻，把自己的成功都看成是一件很自然的事情。

经过一段时间，他突然发现，在国内时，他被一些成功人士骗了。那些人为了让正在创业的人知难而退，普遍夸大了自己创业的艰辛，也就是说，他们在用自己的成功经历，吓唬那些还没有取得成功的人。

作为心理学系的学生，他便对韩国成功人士的心态进行了研究。后来，他把《成功并不像你想象的那么难》作为毕业论文，提交给了现代经济心理学的创始人威尔·布雷登教授。布雷登教授阅读之后，认为这是一个新发现；这种现象虽然在东方甚至世界各地普遍存在，但还没有一个人大胆地提出来并加以研究。

布雷登教授写信给他的剑桥校友——当时正坐在韩国政坛第一把交椅上的朴正熙。他在信中说，我不敢说这部著作对你有多大帮助，但我敢肯定它比你的任何一个政令都能产生震动。后来，这本书果然促进了韩国经济的起飞。

这本书鼓舞了许多人，因为它从一个新的角度告诉人们，尽管有些成功是靠艰苦的努力取得的，但两者之间并不存在必然的联系，不能直接画等号。

至于那位青年，后来也获得了成功，他成了韩国泛亚汽车公司的总裁。

这篇文章告诉我们，如果你对某一事业感兴趣，长久地坚持下去，自然就能成功。因为上天赋予你的时间和智慧，足够你圆满做完一件事情。

依照上述观点看，成功似乎也就变得如此容易，如此简单。那么，为什么在人头攒动奔往成功的道路上，成功者是如此之少，失败者却如此之多呢？

有人说，人们之所以不成功，是因为不努力、不勤奋。可是，事实证明，努力、勤奋并不能想当然地与成功画上等号。人们之所以会喋喋不休地宣扬努力与勤奋，那是因为除了宣扬这些，不知道还有什么东西值得宣扬。

春秋战国时期，魏文王向扁鹊求教：“你们家兄弟三人，都精通医术，谁的医术最好？”

扁鹊回答说：“大哥最好，二哥差些，我是三人中最差的一个。”

魏王不明白，问：“怎么这样说呢？”

扁鹊解释说：“大哥治病，是在病情发作之前。那时候，病人自己还不觉得有病，但大哥就下药铲除了病根，因此，他的医术难以被人认可，没有名气。我二哥治病，是在病初起之时。症状尚不十分明显，病人也没有觉得痛苦，他就能药到病除。这样，乡里人都认为二哥只是治小病很灵。我治病，都是在病情十分严重之时。病人痛苦万分，家属心急如焚，通过我的治疗，重病人的病情能够得到缓解或很快治愈，所以我名闻天下。”

于是，魏王明白了。

很多人之所以希望成功却不能成功，就是因为使用的方法不正确；之所以方法不正确，是因为对成功的看法不正确；之所以对成功的看法不正确，是因为世界观出现了问题。如果能够树立正确的世界观，就能够确立对包括成功在内的一切问题的正确看法。有了正确的看法，才能找到正确的方法；有了正确的方法，才能得到正确的结果。

众口一词的未必就是真理，真理未必有多少人知道并懂得。生活中，很多人都喜欢用自己的一套去看待世界及一切事物，总爱把自己的东西强加给其他人，结果，世界变得更加复杂、更加苦难。如此，行走在人生之路上，自然会东倒西歪。

如此说来，究竟怎样才能确保成功呢？

首先，要取得心灵的成功。使用错误的方法是无法产生正确的结果的，只有使用正确的方法才能确保产生正确的结果。因此，要改变世界观，改变对世界的根本看法，主动放弃与世界的对立，还世界以和谐、秩序，恢复其本来面目。到时，我们就不会持个人偏见去看待世界上的一切，世界的本质和规律才会在我们的面前显露无遗。

其次，要用这样的境界去追求事业、财富、成功、幸福等一切美好的事物。当我们不再受错误的认识误导，去伪存真、去粗取精的麻烦也就不存在了，成功也就容易了。

一切障碍，都是心理的障碍

如果自己的人生出了问题，很多人就会怨东怨西，唯独没有想到自己这里。

多年来，甲女士都在抱怨，住在隔壁的乙女士很懒。她经常说："那个人的衣服永远洗不干净，看，她晾在外面的衣服，总是有斑点。"

有一天，一个朋友到她家，她又和朋友说起了这件事。朋友盯着窗户看了看，发现不是对面的太太衣服洗不干净，而是窗户脏了。

朋友拿了一块抹布，把甲女士家窗户上的污渍抹掉，说："看，这不就干净了吗?"甲女士这时候才知道，原来，是自己家的窗户脏了！

生活中，不管遇到任何问题，都要先看看自己的内心，先把内心的污垢净除，认识自己内心的真实状态。所有的问题，都是我们内心的问题，一旦心灵的镜子上有了尘垢，就会折射出布满尘垢的外在一切。

我们的灵魂深处本来是有大智慧的，只是因为在社会的大染缸中受到了污染，才产生了各种各样的执着之心，遮蔽了人生智慧。是什么东西把我们的智慧遮蔽了？就是我们的恐惧、怀疑、骄傲和没有信心。

只有发觉这些问题，才能不断克服，才能产生进步。没有问题，永远产生不了力量；没有挣扎，永远都不会充满活力；没有延迟，永远都学不到耐心；没有抗拒，永远都学不到毅力；没有绝望，永远都学不到信心；没有折磨，永远都学不到悲悯。

> 在陶匠心中有一个完美的陶罐，他想把这个陶罐创造出来。
>
> 这天，陶匠拿起黏土，不断拍打，把里头的空气排掉。然后，把黏土放在做陶器的转轮上，轮子一转，陶匠就开始雕塑他要的形状了。黏土逐渐变硬，陶匠敲击罐子，把它压挤成型。陶匠将自己另一只手深深地摆在罐子里，支撑着陶罐；另一只手则不断地拍打着。

不难发现，陶匠的双手都是带着爱在做工。在罐子外面的那只手，之所以要不停地拍打，就是基于爱，希望把它变成一件美丽的作品；另一只手之所以要撑住罐子，也是基于爱，不希望它支离破碎。

我们可以将自己想象成一块黏土，上帝要把我们塑造成一件精致、前所未有的艺术作品。虽然对方在重重地打你，这里拿掉，那里磨光，一捏再捏……可是，也要去感受他手上的热心与保护。当你觉得快要倒下去时，他永远都从里头给你支持。这就是恩典的手！

我们的人生为什么会有这么多的痛苦和烦恼，都是因为恐惧、焦虑、发怒、自卑四大心理障碍。试想一下，不管在任何场合、任何情况下，如果没有了恐惧、焦虑等，还会有什么烦恼和痛苦呢？平时成绩优异，为何高考落榜？因为过分看重高考（焦虑），缺乏自信（自卑）；因为害怕考不好，而过分紧张（恐惧）；因为气急败坏（发怒），导致难以发挥正常水平。

无论心理事件多强多大，只要不使人产生心理障碍，就不会得心理疾病；无论心理事件多弱多小，只要能使人产生心理障碍，就能使人产生心理疾病。同样的心理事件，各个人内因的不同，可能会产生心理障碍，也可能不会产生心理障碍。

一旦有了四大心理障碍，正常的生存需求就会被无限夸大，所产生的感觉就都是错误的，就会产生四大错觉，四大错觉就会驱使人做出错误的判断、决策和行为，就会形成四大心理障碍，四大心理障碍的加重就会产生病感，到了需要治疗的程度，就成了心理疾病。

首先，四大心理障碍能导致认知障碍。

害怕黑夜的人总认为黑夜太可怕，其实黑夜并不可怕，而是因为怕黑夜才觉得黑夜可怕。孩子晚归时，焦虑的家长会认为，孩子晚归太急人，其实并不是晚归急人，而是过分看重才觉得急人。

其次，四大心理障碍能让人产生认知倒错。

怕走夜路的人认为都是身后有人跟着的感觉让自己害怕的，只要没有感觉就不害怕了，其实不是感觉产生的害怕，而是害怕产生的感觉。

最后，四大心理障碍的迷惑性会导致错误的判断。

明明身后没有人，怕走夜路的人只要感觉有人，就会错误地判断为有人；明明身上没有病，心理有病的人只要感觉到身上难受，就会错误地判断为有病；明明事情一点都不着急，焦虑的人只要感到急人，就会错误地判断为事情急人。

人生是一场修行，究竟修什么呢？其实，就是修掉包括上述四大心理障碍在内的一切执着心！

如何运用吸引力法则

一直以来，有一种我们看不见的能量自始至终都在引导着整个宇宙规律性的运转。正是因为它的作用，地球才能在46亿年的时间里保持着运转的状态；也正是因为它的作用，太阳系乃至整个宇宙中，数以亿计的星球，都能相安无事地在各自的轨道上运行。这种能量不仅引导着宇宙中的每种事物，也引导着我们的生活，这种能量就是——吸引力。

物以类聚，人以群分。人们总是喜欢跟自己的同类待在一起。在心理上，人们都在寻求一种归宿感，都想获得五大需求之一的安全感，因此能把分散的人集中起来形成一个群体。一般来说，被这个灵魂人物召集到一起的分散的人身上总会有这个灵魂人物的一些影子——具有某种共性。正是由于这种共性，才能把众多的人吸引到一起，才能形成一个团结的群体；当我们的思想集中在某一领域的时候，跟这个领域相关的人、事、物就会被吸引而来。

朗达·拜恩是澳大利亚的一名电视工作者，2008年出版了一本名为《秘密》的书，引起了很大的反响，这本书就是阐述吸引力法则的。

书中说，人类所有的思维活动，都会产生某种特定的频率，而这种频率会吸引同样的频率，引发共振，将我们思维活动中所涉及的任何事物吸引到我们的面前。

就像物理界认为，任何有质量的物体都存在吸引力一样，人的思想也存在吸引力。简单地说就是，心中所想之事越强烈，就越容易实现。这一点，也非常符合“命由已造，相由心生”的说法。思想，不仅具有磁性，还有着某种频率。当你思考时，那些思想就会被发送到宇宙中，吸引所有同频率的同类事物聚集到一起。所有发出的思想，都会回到源头——你。

吸引力法则就是一种自然法则，公正无私。除非你用持续的思想进行召唤，否则不会有任何经验进入你的生命。不好的感觉和好的思想，是不可能同时存在的。思想决定了你的频率，而感觉则会立即告诉你，你是处在哪个频率上。那么，如何来运用吸引力法则呢?

吸引力法则创造的过程要经过三个简单的步骤：要求、相信、接收。

要求——向宇宙要求是个机会，可以让你确定：你想要什么。当你心中清楚要什么的时候，要求已经完成。

相信——你的所行、所言、所思，都如你已经接收到你所要求的事物一样。发出已经接收的频率，吸引力法则就会驱动人、事件和情境，让你来接收它。

接收——你的渴望一旦实现，就会拥有某种美好的感受。如果要吸引金钱，就专注在财富上。对金钱有了好的感觉，就会有更多的金钱流入。

当你想要吸引某种关系到生命中时，一定不要让你的思想、言语、行为，以及周围的环境，与你所渴望的关系相违背。你的职责在你自己，除非先把自己填满，否则你没有东西可以给予别人。以爱和尊重对待自己，就会吸引爱你、尊重你的人。

要让某种关系顺利，就要把焦点放在对他人的欣赏上。当你把焦点放在他们的优点上时，就会发现他们更多的优点。

我们要把注意力和能量放在信任、爱、富足、教育以及和平上。美好的事物永远也用不完，即使分配给每个人，还是绰绰有余。

生命本来就是富足的，当你有能力通过思想和感觉，向“无限的供应者”汲取美好的事物，并让它在经验里显现时，赞美、祝福等世界上的一切，就会将其负面性与不和谐充分化解掉，让自己和“爱”这个最高频率一致。

重装一套强大的信念系统

不要看对方是大人，就以为他“成熟”了，他可能在混社会的意义上成熟了，但在心理上，还是一个“固执”的小孩。有的人活了一辈子，在最深层的心理特征上，都是一个婴儿。

出问题的往往不是一个人的能力，而是他的心理。内心弱小，会让一个人大踏步地向“心奴”迈进。批量制造“房奴”“孩奴”“卡奴”的社会也是大规模生产“心奴”的工厂。

什么是“心奴”？简而言之就是心理的奴隶。有奴隶，就有奴隶主。关键在于，谁是奴，谁是主？

假如我们不幸成了“心奴”，那么，奴隶主就是那些可以操纵我们的心理，以及可以影响甚至主宰我们命运的人。比如上司、客户、同事、朋友、商家、路人、媒体、明星、政客、网络红人、宣传机构，以及任何一个和我们接触并想占我们便宜的人。

你可以不信上帝，却要和这些人打交道，这才是致命的地方。对于“房奴”“孩奴”“卡奴”来说，制度公正一些，是最有效的奴隶解放宣言。只要有人指出前面就是一片幸福生活的应许之地，并振臂高呼“跟我来”，潜伏在社会各个角落的他们就会在郁闷和愤怒中一跃而起。

但对于“心奴”来说，公正和有钱虽然也可以让他们产生解放的无限热望，却并未能获得心灵的自由。不公正的社会制度和被剥夺感，仅仅是他们陷入奴隶状态的催化剂，心理的弱小才是一个人大踏步向“心奴”迈进的根源。

溺水的人之所以会死死地抓住他面前的漂浮物，是因为死亡的恐惧让他只剩下了求生的本能。要想不做“心奴”，就要给我们的心重装一套强大的信念系统。

1. 改用正面词语

“正面词语”可以帮助我们运用词语去改变思想，使自己的人生态度更积极进取。遇到事情的时候，要尽快找出解决办法，跳出困境。

在我们身边，经常会听到一些类似这样的话，显示出说话人正陷于困境中：“我不要再被人欺负。”“我没有办法。”“这没有可能。”……之所以会出现困境是因为，事情里有一些自己无法控制的因素，使我们感到无可奈何。

处于困境中的人，经常会把思想放在那些无法控制或不想要的因素上，如果能够注意一些本人可以控制的因素，事情是很容易得到改善的。这种心态，会让事情出现转机。如果愿意再试一次，也就多了一分成功机会；每次都比上次好一些，累积下来，就不会怨天尤人了。

心态不同便会出现不同的语言，改变语言便可以让自己的心态发生改变。因此，要把句子中的“不”“没有”等负性的词删除，用正面的词语代替。例如：

将“我不想再被人欺负”改为“我要别人尊重我”。

将“我没有办法”改为“我要试着从一个新的角度去看这个问题”。

将“这没有可能”改为“我要找到一个突破的方法”。

在说话时使用正面词语，日子久了，自己就会变得更积极、更有效率、更开朗。

改变语言，的确可以改变一个人的心态，如果发现有些人喜欢使用负面词语，就可以练习用正面词语来帮助他们改善人生，比如：

“我不想没有人理睬我。”——“我打算结交一些新朋友。”

“我没有钱。”——“我要努力工作，增加收入。”

“这问题没法解决。”——“换个角度，问题就容易解决。”

“我没有信心。”——“我要想办法增强自己的能力。”

在上面的几组语言中，左面的负面词语代表了困境，跳出困境就是海阔天空。困境只有一个，而突破的方法却有很多。把同样的意思用正面词语说出来，你的能力便会与众不同。

2. 改用深层的正面词语

一个人说的话通常都来自内心，亦即潜意识。我们的潜意识包括了整个的“我”，所以，我们说的话往往会直接反映出整个“我”的状况。只要稍微留意一个人说的话，是很容易了解其内心状况的。

当一个人说“我会不断努力去克服困难”或者“我决心去排除障碍”之类的话时，或许我们会表扬这个人，认为他很积极。其实，这个人会活得很辛苦，往往不容易成功。他的话已经清楚地显示出：他要不断地制造困难，才能让他做到“会不断努力去克服困难”；为了证明自己“决心去排除障碍”，他需要常常制造障碍。

为了使自己的潜意识引导自己有更舒畅、更惬意的人生，就要把句子改为“我会努力去达到目标”和“我决心去争取成功”。

人看到的所有的事物，都是经过五个感觉器官传递给人脑的，然后才会进行处理和编码。摄入、处理和编码过程都是我们自己控制的，所以都是主观的。经由三重主观过程所得出的结果也是主观的，因此在我们的大脑里，所有事物的意义也都是主观的。

换句话说，每个人的“世界”只存在我们的头脑里，并不绝对真实，只有主观的真实。“真实情况”既不存在，也不重要，重要的是，怎么对自己有所裨益。

附　录

刘子鸣与子鸣文化

刘子鸣老师，中国江西人，出身于贫苦的农村家庭，艰苦的生活磨炼了他坚强的意志。他从小立志出人头地，改变家族的命运，造福全社会。由于生活所迫，初中毕业就步入社会，进入服装加工厂、开超市、开饭店、开养生馆、成为雪花啤酒代理……几次创业，结果却都不尽如人意。受尽生活的磨难，甚至家庭也濒临破裂！但这些并没有阻挡他前进的脚步，他一直在努力着……艰难岁月，练就了他一身本领。

人生三十而立，刘子鸣老师而立之年进入培训行业，短期内不断与国内国际顶尖大师同台演讲。

2014 年 2 月带领八位“菜鸟”赴东北大连成立子鸣文化传播有限公司，组建了一支教育培训界前所未有的“菜鸟团队”，短期内合伙人遍布中国各地；分公司由中国大连延伸到迪拜、新加坡，在短短半年时间内团队人数倍增到 200 多人，忠诚度达 99%，合伙人遍布大江南北，产业进入多元化！

2014 年年底，他多次受阿联酋皇室邀请，前往迪拜演讲，受到阿联酋酋长盛情款待，并在棕榈岛成立迪拜分公司。

2015 年受邀参与第 15 届亚太经济领袖新加坡高峰论坛并发表重要

演讲。

刘子鸣老师拥有子鸣文化传播有限公司、天哲教育集团、子鸣影视传媒有限公司、沈阳阿凡提投资管理有限公司、沈阳欧纵健康管理有限公司，正在进军子鸣服饰、子鸣餐饮连锁、子鸣酒店连锁等产业。

他震撼人心的演讲融会了 NAC 神经链调整术、NLP 神经语言系学、催眠术、教练技术、宗教管理艺术、成功学、股权分配、商业模式、资本运营等。

课程内容由浅入深，依次分为个人、家庭、创业者、团队经营者、管理层、中小企业主、上市企业拥有者等。

一年来创建一家挂牌上市公司和多家挂牌上市企业，并且全部健康有序地发展。

近五年来直接受训并将业绩增至 4 ~ 20 倍的企业多达上千家，受益人数多达数十万人，涉及多个领域。

致力于帮助个人、团队和企业走出业绩瓶颈、企业瓶颈，创造了一个又一个奇迹。

异想天开，脚踏实地。未来，刘子鸣老师将率领相信并追随他的伙伴创造精彩人生，将子鸣文化打造成为中国培训行业的领导品牌，将子鸣文化做到全世界。